Dinámicas de Resiliencia en la Frontera

Psicología, Comunidad y Cultura de Paz

AUTORES:

ADRIANA VARELA PRIETO

JOSE LUIS VERDUGO HERNANDEZ

GERARDO PINEDO IRIGOYEN

BSC

Dinámicas de Resiliencia en la Frontera:
Psicología, Comunidad y Cultura de Paz

Ciudad Juárez, Chihuahua: 2025.

B Sides Collection

ISBN: 978-1-948150-92-7

Coordinación editorial: Universidad Autónoma de Chihuahua.

Primera edición, diciembre de 2025.

Impreso en Estados Unidos de Norteamérica / Printed in United States of America.

CONTENIDO

Comprendiendo la resiliencia comunitaria: fundamentos teóricos y conceptuales

En un mundo marcado por el cambio constante, la desigualdad social, los conflictos, el deterioro ambiental y las crisis sanitarias, las comunidades enfrentan desafíos cada vez más complejos. La resiliencia comunitaria surge como un concepto clave para comprender cómo los grupos humanos pueden resistir, adaptarse y transformarse positivamente ante la adversidad.

La idea central es que las comunidades no son meros receptores pasivos de los problemas, sino sujetos activos capaces de reorganizarse, aprender y salir fortalecidos. Este enfoque reconoce el poder colectivo, la cooperación, el conocimiento local y el sentido de identidad como pilares de la supervivencia y el desarrollo humano sostenible.

Comprender la resiliencia comunitaria implica ir más allá de su definición: requiere analizar sus orígenes, fundamentos teóricos, dimensiones, componentes y su relación con otros conceptos sociales como capital social, desarrollo sostenible y participación ciudadana.

Origen y evolución del concepto de resiliencia

1.2.1 Etimología y sentido general

El término resiliencia proviene del latín resilire, que significa "saltar hacia atrás" o "rebotar". En su origen se usó en física para describir la capacidad de un material para recuperar su forma después de haber sido deformado.

A mediados del siglo XX, el concepto fue adoptado por la psicología, donde empezó a referirse a la capacidad de las personas para sobreponerse a situaciones traumáticas como guerras, pérdidas o desastres naturales.

1.2.2 De la psicología a lo social

En las décadas de 1970 y 1980, investigadores como Emmy Werner y Norman Garmezy estudiaron cómo algunos niños lograban desarrollarse de forma sana a pesar de crecer en contextos adversos. Esto amplió el concepto hacia una visión dinámica y contextual.

Con el tiempo, se comprendió que la resiliencia no depende solo de rasgos personales, sino también del entorno familiar, social y comunitario. De ahí surgió el enfoque de resiliencia social y comunitaria, que analiza los recursos colectivos, las redes de apoyo y los factores culturales que permiten superar las crisis.

1.2.3 Incorporación en las ciencias sociales y la gestión del riesgo

A partir de los años 2000, el concepto se integró a campos como la sociología, el trabajo social, la antropología, la educación y la gestión de desastres. Organismos internacionales como la ONU, la UNESCO y la Cruz Roja comenzaron a promover políticas basadas en la resiliencia comunitaria para la prevención y recuperación ante catástrofes naturales o crisis humanitarias.

La resiliencia comunitaria: definición y características

1.3.1 Definición general

La resiliencia comunitaria es la capacidad colectiva de un grupo social para afrontar, resistir, adaptarse y transformarse positivamente ante situaciones de crisis o adversidad, manteniendo su identidad, su cohesión social y su funcionamiento básico.

En palabras de Norris et al. (2008), es "un proceso de vinculación adaptativa entre recursos comunitarios y bienestar colectivo, que promueve la capacidad de recuperación de una comunidad".

1.3.2 Características principales

Colectiva: se construye en las relaciones y redes sociales, no en individuos aislados.

Dinámica: cambia y evoluciona con el tiempo según las circunstancias.

Multidimensional: involucra aspectos económicos, sociales, culturales, psicológicos y ambientales.

Participativa: requiere el involucramiento activo de los miembros de la comunidad.

11

Transformadora: busca no solo resistir, sino también mejorar las condiciones de vida y reducir vulnerabilidades futuras.

1.4 Fundamentos teóricos de la resiliencia comunitaria

1.4.1 Enfoque ecológico-sistémico

Propuesto por Urie Bronfenbrenner, este enfoque considera que el individuo y la comunidad son sistemas interrelacionados. La resiliencia surge de la interacción entre niveles:

Microsistema: familia, escuela, redes cercanas.

Mesosistema: relaciones entre instituciones locales.

Exosistema: estructuras económicas, políticas y culturales.

Macrosistema: valores, ideologías y marcos sociales amplios.

1.4.2 Enfoque psicosocial

Destaca la importancia del apoyo emocional, la identidad colectiva y el sentido de pertenencia. Autores como Edith Grotberg y Michael Ungar sostienen que la resiliencia se construye mediante vínculos de confianza y solidaridad, donde la comunidad actúa como red de contención y aprendizaje.

1.4.3 Enfoque socioeconómico

Subraya el papel de los recursos materiales, la equidad y la justicia social. Una comunidad resiliente no solo debe tener fortaleza emocional, sino también condiciones estructurales que garanticen oportunidades, empleo, salud y educación.

1.4.4 Enfoque cultural

Plantea que las tradiciones, creencias, costumbres y narrativas de una comunidad son fuentes fundamentales de resiliencia.

El rescate de la memoria histórica y la identidad colectiva permite reinterpretar la adversidad como parte de una historia compartida de resistencia.

1.5 Dimensiones de la resiliencia comunitaria

Diversos autores han identificado cuatro dimensiones principales que permiten analizar y fortalecer la resiliencia en una comunidad:

1.5.1 Dimensión social

Refiere a las relaciones humanas, la solidaridad, la participación ciudadana y la cohesión interna. Incluye las redes formales e informales de apoyo mutuo.

1.5.2 Dimensión económica

Se relaciona con la estabilidad de los medios de vida, la capacidad productiva, el acceso a recursos y la posibilidad de mantener servicios básicos durante las crisis.

1.5.3 Dimensión ambiental

Comprende la gestión sostenible del entorno, la prevención de riesgos y la adaptación a fenómenos naturales o climáticos.

1.5.4 Dimensión cultural y simbólica

Abarca los valores, rituales, mitos, costumbres y narrativas que dan sentido y cohesión a la comunidad. Una comunidad con fuerte identidad cultural tiende a ser más resiliente.

1.6 Componentes básicos de la resiliencia comunitaria

1.6.1 Capital social

El capital social son los vínculos de confianza, reciprocidad y cooperación que conectan a los miembros de una comunidad. Según Putnam (1993), las comunidades con alto capital social tienden a organizarse mejor ante la adversidad.

1.6.2 Sentido de comunidad

Se refiere al sentimiento de pertenencia y compromiso mutuo. Implica creer que "lo que afecta a uno, afecta a todos", lo que impulsa la acción colectiva.

1.6.3 Liderazgo y organización

El liderazgo comunitario es clave para coordinar esfuerzos, comunicar información y promover decisiones justas. La resiliencia se fortalece con líderes democráticos y empáticos.

1.6.4 Participación ciudadana

La implicación activa de los miembros en la toma de decisiones fortalece la autonomía y la responsabilidad social.

1.6.5 Aprendizaje colectivo

La resiliencia no solo consiste en resistir, sino en aprender de la experiencia. Las comunidades resilientes documentan sus errores, comparten conocimiento y adaptan sus estrategias.

1.7 Diferencias entre resiliencia individual, social y comunitaria

Tipo de resiliencia	Nivel de análisis	Enfoque principal	Ejemplo
Individual	Persona	Fortaleza psicológica, autoestima, afrontamiento	Una persona que supera la pérdida de su hogar.
Social	Grupo o red social	Apoyo mutuo, relaciones interpersonales	Familias que se apoyan entre sí tras una crisis.
Comunitaria	Comunidad completa	Organización colectiva, identidad, capital social	Un pueblo que se reconstruye tras un terremoto.

Estas tres dimensiones se interrelacionan: la resiliencia individual se nutre de la social, y ambas fortalecen la resiliencia comunitaria.

La resiliencia comunitaria y su relación con otros conceptos clave

1.8.1 Desarrollo sostenible

Ambos comparten la meta de garantizar bienestar presente sin comprometer el futuro. La resiliencia aporta la capacidad adaptativa, mientras que la sostenibilidad aporta la visión a largo plazo.

1.8.2 Empoderamiento social

La resiliencia implica empoderamiento: una comunidad resiliente se reconoce como agente de cambio, no como víctima pasiva.

1.8.3 Educación comunitaria

La educación es un eje transversal para construir resiliencia. Mediante procesos educativos formales y no formales se promueve la reflexión crítica, la participación y la resolución colectiva de problemas.

1.9 Desafíos teóricos y prácticos

Aunque el concepto de resiliencia comunitaria ha ganado aceptación, enfrenta críticas:

Riesgo de que se use para culpabilizar a las comunidades por su vulnerabilidad.

Ambigüedad conceptual: no siempre se distingue entre adaptación y resistencia.

Necesidad de enfoques interdisciplinarios que combinen teoría, práctica y política pública.

Falta de indicadores claros para medirla.

Superar estos desafíos implica construir un enfoque ético, inclusivo y participativo, donde la resiliencia no sea solo capacidad de aguante, sino una vía para la transformación social.

1.10 Conclusión del capítulo

La resiliencia comunitaria es más que un concepto académico: es una forma de entender y fortalecer la vida colectiva. Representa la posibilidad de que los pueblos y comunidades respondan al cambio con creatividad, solidaridad y dignidad.

Comprenderla implica reconocer que toda comunidad posee recursos internos —materiales, emocionales y culturales— capaces de sostenerla incluso en tiempos de crisis. El desafío consiste en identificar, nutrir y articular esos recursos desde la educación, la política pública y la acción ciudadana.

En los siguientes capítulos se profundizará en los factores que la fortalecen, las experiencias reales de comunidades resilientes y las estrategias para construir resiliencia desde distintos ámbitos.

Factores Que Fortalecen La Resiliencia En Las Comunidades

La resiliencia comunitaria no surge de manera espontánea ni se impone desde actores externos; es el resultado de una compleja interacción entre personas, vínculos, memorias, recursos simbólicos y formas de organización social que se desarrollan a lo largo del tiempo. Comprender los factores que fortalecen esta resiliencia es fundamental para saber cómo una comunidad es capaz no solo de resistir una adversidad, sino también de reorganizarse, aprender y transformarse a partir de ella. En este capítulo abordaremos los elementos que constituyen la base del tejido social resiliente: el capital social y las redes de apoyo, la identidad cultural y el sentido de pertenencia, el liderazgo y la participación ciudadana, la comunicación y la cooperación, así como la educación y la memoria histórica como fundamentos para sostener la continuidad y el aprendizaje colectivo.

El capital social como fundamento de resiliencia

El capital social se concibe como el conjunto de relaciones, vínculos, normas compartidas y formas de confianza que permiten la interacción efectiva entre los miembros de una comunidad. A diferencia de los recursos materiales, el capital social no se agota con el uso; al contrario, crece cuando se ejerce, se fortalece cuando se comparte y se multiplica cuando se moviliza en situaciones de crisis. En las comunidades resilientes, el capital social actúa como un amortiguador que reduce la intensidad de la adversidad y mejora la capacidad de respuesta colectiva.

Las redes de apoyo que conforman el capital social pueden tener diversas formas. Existen redes compuestas por familias, grupos de amistad, colectivos culturales, equipos deportivos, asociaciones vecinales o comités de protección civil. Todas estas redes, inherentemente diversas, cumplen funciones específicas: unas proporcionan apoyo emocional, otras movilizan recursos materiales o información, y algunas más permiten la organización para responder ante emergencias. La fortaleza de estas redes radica en su capacidad para mantenerse activas, flexibles y coordinadas, incluso cuando la comunidad enfrenta condiciones de incertidumbre.

Las comunidades con alto capital social tienden a responder de forma más eficiente ante amenazas naturales o sociales porque ya existe un nivel de confianza que facilita la acción coordinada. La confianza reduce el tiempo de reacción, evita conflictos innecesarios y posibilita la distribución equitativa de tareas y responsabilidades. Cuando la confianza es sólida, las personas cooperan aunque los recursos sean limitados y la situación sea adversa, pues existe la certeza de que el esfuerzo colectivo produce mejores resultados que la acción aislada.

Sin embargo, la presencia de capital social no siempre garantiza procesos inclusivos. En algunos casos, las redes pueden volverse cerradas y funcionar como mecanismos de exclusión hacia miembros externos. Cuando el capital social se centra exclusivamente en grupos homogéneos, puede debilitar la integración y limitar el alcance de la resiliencia comunitaria. Por ello, una comunidad verdaderamente resiliente no solo promueve la cohesión interna, sino que también mantiene redes abiertas que permiten fortalecer vínculos con actores externos, acceder a nuevos recursos y ampliar las oportunidades de aprendizaje.

En este sentido, la resiliencia comunitaria se nutre tanto del capital social de enlace —que cohesiona a quienes comparten identidad o cercanía— como del capital social de puente, que conecta con otras comunidades, instituciones o colectivos. La combinación de ambos tipos de capital social incrementa significativamente la capacidad de una comunidad para anticipar riesgos, reorganizarse ante la incertidumbre y reconstruirse después de una crisis.

Identidad cultural, sentido de pertenencia y cohesión social
La identidad cultural constituye uno de los pilares más profundos de la resiliencia comunitaria. No se trata únicamente de un conjunto de prácticas, tradiciones o símbolos compartidos, sino de un sistema de significados que permite a las personas reconocerse como parte de un "nosotros". Este sentido de pertenencia crea un marco emocional y cognitivo que facilita la cooperación y fortalece la

continuidad de la comunidad incluso ante amenazas que buscan fracturarla.

Cuando las comunidades se enfrentan a situaciones de crisis, su identidad cultural actúa como un ancla simbólica. Permite recordar quiénes son, de dónde provienen y por qué es importante mantenerse unidos. En momentos de inseguridad o incertidumbre, las tradiciones compartidas se vuelven fundamentales, pues ofrecen estabilidad, orden simbólico y continuidad emocional. Las festividades, los rituales, las formas de organización tradicional, los relatos de origen y la memoria colectiva ayudan a restaurar la cohesión social que puede verse debilitada después de una experiencia traumática.

El sentido de pertenencia también facilita la movilización social durante emergencias. Cuando las personas sienten que forman parte de una comunidad significativa, están más dispuestas a colaborar, asumir responsabilidades y apoyar a otros. La pertenencia fortalece el compromiso social y reduce la fragmentación, algo indispensable para la resiliencia. Una comunidad que carece de cohesión o que no comparte significados comunes responde de manera dispersa ante la adversidad, lo que puede aumentar el impacto negativo del evento.

En sociedades complejas y diversas, la identidad cultural puede adoptar múltiples formas. No existe una sola identidad comunitaria; por el contrario, coexisten identidades locales, barriales, étnicas, religiosas, generacionales y profesionales.

La resiliencia surge cuando estas identidades se integran de manera armónica y complementaria, no cuando compiten o se excluyen mutuamente. En este marco, la interculturalidad juega un papel relevante: las comunidades más resilientes suelen ser aquellas capaces de reconocer la pluralidad, respetar la diversidad y construir identidades inclusivas que permitan sumar capacidades.

La cohesión social, entendida como el grado en que los miembros de una comunidad se sienten unidos y comparten expectativas, valores y normas comunes, es un elemento indispensable para la resiliencia. Cuando existe cohesión, la comunidad cuenta con la fortaleza emocional y el compromiso colectivo necesarios para enfrentar situaciones adversas sin desintegrarse. Cuando la cohesión es débil, incluso un pequeño evento disruptivo puede desencadenar conflictos internos, desconfianza y ruptura del tejido comunitario.

Para fortalecer la identidad cultural y la cohesión social, muchas comunidades recurren a la revitalización de sus prácticas tradicionales, al fortalecimiento de espacios públicos donde se construyen vínculos y a la elaboración colectiva de narrativas que refuerzan su sentido de propósito. Estas estrategias no solo amplifican la resiliencia, sino que además contribuyen al bienestar comunitario a largo plazo.

Liderazgo comunitario y participación ciudadana

El liderazgo comunitario constituye un elemento central en los procesos de resiliencia, ya que orienta, motiva, organiza y articula los esfuerzos colectivos. No se trata únicamente de la presencia de líderes formales, sino también de liderazgos emergentes que surgen espontáneamente durante una crisis. Estos líderes pueden ser maestros, mujeres con experiencia en organización comunitaria, jóvenes involucrados en proyectos sociales, autoridades tradicionales o personas con habilidades para resolver problemas y coordinar esfuerzos.

El liderazgo resiliente se caracteriza por la capacidad de escuchar, incluir, gestionar conflictos y promover la cooperación. Un liderazgo autoritario, aunque pueda mantener el orden en el corto plazo, tiende a debilitar la autonomía y la participación activa de la comunidad, lo que limita su capacidad de aprender y reorganizarse después de una crisis. En contraste, el liderazgo horizontal y colaborativo permite que la comunidad se apropie de los procesos, tome decisiones basadas en el consenso y se responsabilice de sus propias soluciones.

La participación ciudadana es el proceso mediante el cual los miembros de la comunidad intervienen de manera consciente en la toma de decisiones, la identificación de problemas, la implementación de acciones preventivas y la evaluación de los resultados. En una comunidad resiliente, la participación no se limita a eventos extraordinarios, sino que forma parte de la vida cotidiana. Se expresa en asambleas, reuniones comunitarias, trabajos colectivos, comités vecinales, grupos de jóvenes, redes de mujeres y diversas instancias de organización local.

Una comunidad que participa se mantiene informada, se fortalece internamente y reduce la vulnerabilidad ante amenazas externas. La participación fomenta el empoderamiento, genera aprendizaje colectivo y desarrolla habilidades para la autogestión. Además, permite integrar múltiples perspectivas, lo que conduce a soluciones más completas y sostenibles.

Cuando las comunidades carecen de participación, los riesgos aumentan. La falta de involucramiento hace que las decisiones recaigan sobre unos pocos, se generen asimetrías de poder y los recursos se distribuyan de manera desigual. Por ello, la resiliencia comunitaria depende de la capacidad del liderazgo para abrir espacios participativos, escuchar voces diversas y generar condiciones para la corresponsabilidad.

Comunicación, confianza y cooperación

La comunicación constituye uno de los elementos más críticos para la resiliencia comunitaria. No solo implica la transmisión de información, sino también la construcción de significados compartidos, la coordinación de acciones y la generación de confianza. Una comunicación efectiva permite prevenir riesgos, alertar sobre amenazas, organizar recursos y mantener la cohesión social.

Durante las emergencias, la comunicación se vuelve vital para reducir la incertidumbre y evitar rumores o información falsa que puedan incrementar el pánico. Las comunidades que cuentan con canales de comunicación bien establecidos —como radios comunitarias, grupos de mensajería digital, altavoces, comités de vigilancia o redes vecinales— responden con mayor rapidez y eficacia ante eventos críticos.

La confianza es un componente esencial del proceso comunicativo. Sin confianza, los mensajes se cuestionan, los acuerdos se debilitan y las acciones se retrasan. Las comunidades resilientes son aquellas en las que las personas confían en sus líderes, en sus instituciones locales y entre sí. Esta confianza se construye con el tiempo, mediante experiencias compartidas, interacciones cotidianas, transparencia en las decisiones y coherencia entre lo que se dice y lo que se hace.

La cooperación es una consecuencia natural de la confianza y la comunicación efectiva. Una comunidad que coopera puede superar obstáculos que no podrían resolverse individualmente. La cooperación permite juntar recursos, distribuir tareas y enfrentar desafíos complejos. En situaciones de desastre, la cooperación comunitaria ha sido históricamente uno de los principales factores que determina la capacidad de recuperación.

La comunicación, la confianza y la cooperación forman un triángulo interdependiente. La comunicación fortalece la confianza; la confianza facilita la cooperación; y la cooperación retroalimenta la comunicación al generar nuevas oportunidades de interacción. Juntas, estas tres dimensiones crean las condiciones necesarias para que la comunidad desarrolle resiliencia.

Educación, memoria histórica y transmisión de valores

La educación desempeña un papel transformador en la resiliencia comunitaria. No se trata únicamente de la educación formal impartida en las escuelas, sino también de los procesos educativos comunitarios que ocurren en asambleas, organizaciones sociales, prácticas culturales y experiencias compartidas. La educación fomenta el pensamiento crítico, desarrolla habilidades para la resolución de problemas, fortalece el sentido de responsabilidad colectiva y genera capacidades para enfrentar situaciones inesperadas.

Las comunidades que invierten en educación —formal o informal— suelen tener mayor capacidad de adaptación porque sus miembros cuentan con herramientas para analizar la realidad, comprender riesgos, planificar acciones y aprender de experiencias pasadas. La educación para la resiliencia incluye también el desarrollo de habilidades socioemocionales como la empatía, la colaboración, la gestión de conflictos y la regulación emocional.

La memoria histórica es otro componente central que alimenta la resiliencia. La historia comunitaria contiene experiencias de resistencia, luchas, victorias, pérdidas, reconstrucciones y transformaciones. Estas memorias no son simples relatos del pasado, sino recursos simbólicos y emocionales que orientan la acción presente. Una comunidad que recuerda cómo superó una crisis anterior tiene mayor confianza para enfrentar nuevos retos.

Además, la memoria histórica refuerza la identidad cultural, fortalece el sentido de pertenencia y permite aprender de los errores. Cuando las experiencias pasadas se olvidan, la comunidad queda desprovista de referentes para guiar su acción y puede repetir patrones que incrementen la vulnerabilidad. Por ello, muchas comunidades desarrollan rituales, celebraciones, archivos comunitarios, murales, museos locales, relatos orales y otras formas de mantener viva su memoria.

La transmisión de valores completa este proceso educativo y cultural. En las comunidades resilientes, los valores como la solidaridad, el respeto, la responsabilidad colectiva, la justicia, la equidad y el cuidado de los otros se transmiten de generación en generación. Estos valores guían las decisiones, modelan las relaciones sociales y fortalecen la capacidad de actuar de manera cohesionada durante crisis.

La educación, la memoria histórica y los valores conforman un círculo virtuoso: la educación permite comprender y resignificar el pasado; la memoria histórica ofrece aprendizajes para el presente; y los valores guían la acción colectiva en momentos de adversidad. Juntos, estos elementos sostienen el tejido emocional y cognitivo que permite a la comunidad reconstruirse y transformarse después de una crisis.

Conclusión del capítulo

Los factores que fortalecen la resiliencia comunitaria no actúan de manera aislada. Por el contrario, se relacionan entre sí y se potencian mutuamente. El capital social proporciona la base de relaciones y apoyo; la identidad cultural aporta sentido y cohesión; el liderazgo y la participación orientan y organizan la acción; la comunicación y la cooperación permiten la coordinación efectiva; y la educación, acompañada de la memoria histórica y los valores, proporciona herramientas para aprender, adaptarse y transformarse. Una comunidad resiliente es, en última instancia, una comunidad viva, creativa, consciente de su historia, orgullosa de su identidad, comprometida con la participación y dispuesta a construir un futuro compartido.

La Resiliencia Frente A Crisis: Experiencias Y Aprendizajes

La resiliencia comunitaria se expresa con mayor claridad cuando la adversidad irrumpe de forma inesperada y obliga a los grupos humanos a poner en práctica todos los recursos emocionales, culturales, organizativos y simbólicos que han construido a lo largo del tiempo. Una crisis es siempre una prueba, pero también una oportunidad para revelar la fuerza colectiva, para comprender quiénes somos como comunidad y para reconocer qué elementos sostienen la vida en común cuando el entorno parece tambalearse. Las crisis —ya sean naturales, sanitarias, sociales o derivadas de la violencia— actúan como espejos que amplifican las fortalezas y debilidades de cada comunidad. En ellas se manifiestan las capacidades de organización, los liderazgos, las redes de apoyo, la memoria histórica y los valores que dan sentido a la vida comunitaria.

Las experiencias de crisis enseñan que la resiliencia no es la ausencia de daño ni la posibilidad de evitar completamente el sufrimiento. Por el contrario, la resiliencia se manifiesta en la manera en que una comunidad enfrenta el dolor, se organiza para reducir sus efectos, encuentra formas de solidaridad y, finalmente, transforma lo vivido en aprendizaje. La reconstrucción no siempre significa volver a lo anterior; en ocasiones, la reconstrucción implica un cambio profundo en la identidad, las prácticas o la organización social. La resiliencia es, en este sentido, tanto un proceso de defensa como de reinvención.

La presencia constante de desastres naturales alrededor del mundo permite observar diversos ejemplos de resiliencia. El impacto de un huracán, un terremoto o una inundación puede destruir viviendas, caminos y servicios básicos, pero también puede activar mecanismos de ayuda mutua, creatividad comunitaria y movilización social. Hay comunidades costeras que, después de un huracán, se organizan alrededor de fogones colectivos donde se cocina para quienes lo perdieron todo. Las casas dañadas son reparadas por grupos de vecinos que, sin esperar instrucciones externas, establecen sistemas de reconstrucción por turnos. La improvisación se convierte en un arte colectivo, y la desesperación inicial se transforma en un impulso que reordena la vida cotidiana. La resiliencia surge de la convicción de que nadie puede salvarse solo.

Los terremotos constituyen otro escenario en el que la resiliencia comunitaria ha dejado lecciones profundas. En más de una ocasión, ciudades enteras han quedado paralizadas tras un sismo, y son los propios habitantes quienes realizan los primeros rescates, improvisan centros de acopio y generan redes de información confiable. En un barrio donde varias viviendas colapsaron, los jóvenes se organizaron espontáneamente para remover escombros, mientras que las mujeres del lugar preparaban alimentos para quienes trabajaban en las labores de búsqueda. La coordinación no provenía de una institución formal, sino del conocimiento mutuo, de la confianza entre familias y de la convicción de que la vida comunitaria debía preservarse. La ausencia temporal de servicios públicos no impidió que surgieran sistemas improvisados de registro de desaparecidos, refugios espontáneos y cadenas solidarias. Este tipo de respuestas demuestra que la resiliencia depende tanto de los recursos materiales como de la fuerza simbólica que sostiene a la comunidad.

Las crisis sanitarias han puesto a prueba la resiliencia humana de maneras muy particulares. Cuando una enfermedad se expande y obliga al aislamiento, la comunidad se ve forzada a reinventar sus redes de apoyo. En algunos lugares, la solidaridad adoptó nuevas formas: mensajes de ánimo en puertas, grupos de vecinos que preparaban alimentos para personas mayores, redes digitales que reemplazaron las reuniones presenciales, e iniciativas donde se compartían medicamentos o insumos de higiene. Incluso en contextos de miedo y desinformación, surgieron liderazgos que promovieron la calma, la comunicación clara y la unidad. La salud comunitaria se volvió responsabilidad colectiva y, aunque la distancia física era inevitable, la cercanía emocional se convirtió en una herramienta de supervivencia.

Las crisis derivadas de la violencia también revelan la capacidad de resiliencia. Existen comunidades que, enfrentando conflictos internos o presiones externas, han logrado generar espacios seguros mediante la organización comunitaria. En un pequeño pueblo que vivió episodios de violencia armada, las mujeres desempeñaron un papel decisivo en la recuperación. A través de reuniones nocturnas, establecieron códigos de cuidado, acompañaron a las familias afectadas y promovieron actividades para reconstruir la confianza. Los hombres se organizaron para vigilar caminos y proteger las zonas más vulnerables, mientras que los jóvenes crearon un taller artístico donde plasmaron su visión de un futuro distinto. La comunidad decidió enfrentar la violencia fortaleciendo sus lazos internos, reconstruyendo relaciones fracturadas y apostando por la vida. La resiliencia fue, en este caso, una forma de resistencia.

La reconstrucción después de una crisis implica múltiples niveles de acción. Primero se atienden las necesidades básicas: refugio, comida, seguridad, información confiable. Luego emerge la necesidad de reorganizar la vida cotidiana: recuperar escuelas, restablecer espacios públicos, reactivar actividades económicas. En esta etapa, la memoria colectiva juega un papel crucial, porque permite recordar las formas en que la comunidad ha enfrentado otras crisis y ofrece modelos para actuar en el presente. En algunos casos, las historias compartidas sobre eventos pasados se convierten en guía para tomar decisiones. Un anciano recuerda cómo se reorganizó el pueblo tras una inundación décadas atrás, y ese recuerdo inspira soluciones actuales. La memoria se vuelve entonces una herramienta para sobrevivir, comprender y reconstruir.

Una de las expresiones más profundas de resiliencia surge cuando la comunidad transforma la adversidad en un aprendizaje duradero. Después de una crisis, algunas comunidades desarrollan sistemas de alerta temprana, crean protocolos de evacuación o implementan nuevos métodos de organización vecinal. En otras, se fortalecen los vínculos intergeneracionales porque los adultos mayores transmiten sus experiencias a los jóvenes, quienes reinterpretan esas enseñanzas desde una mirada contemporánea. La crisis, en estos casos, deja una huella positiva al mejorar la capacidad de respuesta futura.

Sin embargo, no todas las comunidades responden de la misma manera. Algunas se fragmentan, surgen conflictos internos o la desconfianza impide la cooperación. La resiliencia depende de muchos factores: la cohesión previa, la fortaleza del liderazgo, la calidad de la comunicación, el nivel de participación ciudadana y la presencia de valores compartidos. Una comunidad que ha cultivado el apoyo mutuo y la organización participativa responde con mayor claridad y menor conflicto que aquella donde predominan la rivalidad, el aislamiento o la desigualdad.

La rememoración de las crisis también genera aprendizajes emocionales. Las personas recuerdan no solo lo que se perdió, sino lo que se logró preservar gracias a la unidad. Esto permite resignificar la experiencia y construir una narrativa positiva que fortalece el sentido de pertenencia. La comunidad se reconoce a sí misma como un colectivo capaz de enfrentar lo inesperado. Las historias de heroísmo anónimo, la solidaridad cotidiana y la creatividad colectiva quedan grabadas en la memoria y se transforman en símbolos de identidad.

La resiliencia frente a las crisis no significa solamente volver a levantarse, sino hacerlo de manera consciente. Una comunidad verdaderamente resiliente no ignora el dolor ni rehúye la reflexión; al contrario, integra las experiencias, identifica sus debilidades, reconoce sus fortalezas y se prepara para futuros desafíos. Cada crisis deja una marca, pero también una enseñanza. Es precisamente la capacidad de convertir esas enseñanzas en acción colectiva lo que determina el grado de resiliencia a largo plazo.

En última instancia, la resiliencia comunitaria frente a la crisis es una expresión de humanidad compartida. Es la decisión de no rendirse, de cuidarse mutuamente, de reconstruir lo que se ha perdido y de imaginar un futuro posible incluso en medio de la devastación. La adversidad revela la fragilidad humana, pero también su enorme capacidad de solidaridad, creatividad y transformación. Las crisis enseñan que los vínculos importan, que la organización es vital, que la memoria es una guía, y que la esperanza —cuando se construye colectivamente— puede convertirse en la fuerza más poderosa para superar cualquier desafío.

La Resiliencia Comunitaria en Acción: Experiencias y Aprendizajes frente a Crisis Multidimensionales

La resiliencia comunitaria ha emergido como uno de los conceptos centrales en los estudios sobre gestión de riesgo de desastres, desarrollo social y psicología comunitaria durante las últimas tres décadas. Este concepto ha adquirido particular relevancia en América Latina y el Caribe, región altamente vulnerable a eventos socionaturales, donde la intensificación de desastres impulsada por el cambio climático ha aumentado la importancia de comprender los mecanismos de adaptación colectiva frente a perturbaciones mayores (Sandoval-Díaz et al., 2021).

A diferencia del concepto de resiliencia individual, que centra su atención en las capacidades personales para sobreponerse a la adversidad, la resiliencia comunitaria implica procesos colectivos más complejos. Según Norris et al. (2008), la resiliencia comunitaria puede entenderse como un conjunto de recursos adaptativos en red que permiten a las comunidades no solo resistir y recuperarse de eventos adversos, sino también transformarse positivamente en el proceso. Esta aproximación considera que una comunidad urbana es un sistema donde los ambientes construido, social, natural y económico interactúan e influencian unos a otros, generando dinámicas específicas de respuesta ante las crisis.

El concepto de resiliencia comunitaria es relativamente nuevo y menos explorado que el de resiliencia individual, especialmente en el contexto latinoamericano. Sin embargo, su estudio resulta fundamental para comprender cómo las poblaciones enfrentan efectivamente situaciones traumáticas mediante la acción colectiva (Uriarte, 2013). Este capítulo busca contribuir a la comprensión de este fenómeno mediante el análisis de casos documentados que ilustran cómo diferentes comunidades —urbanas, rurales e indígenas— han movilizado sus recursos colectivos para enfrentar desastres naturales, conflictos sociales y crisis sanitarias.

El objetivo es examinar críticamente las estrategias locales de recuperación y reconstrucción, identificando los elementos que facilitan u obstaculizan los procesos resilientes. A través de este análisis, se busca generar conocimiento aplicable que contribuya al diseño de políticas públicas y programas de intervención más efectivos, culturalmente pertinentes y sostenibles.

1. Marco Conceptual: Fundamentos Teóricos de la Resiliencia Comunitaria

1.1 Evolución del concepto y perspectivas teóricas

El término resiliencia proviene originalmente de la física de materiales y fue posteriormente adoptado por la ecología en los trabajos pioneros de Holling (1973). La psicología incorporó el concepto en la década de 1980, enfocándose inicialmente en la capacidad individual de superar situaciones adversas (Rutter, 1987; Luthar et al., 2000). Sin embargo, las investigaciones empezaron progresivamente a incorporar los escenarios que rodeaban a la resiliencia, ampliando la concepción original hacia lo que se denominó resiliencia socio-ecológica, integrando aspectos del entorno social en la comprensión del fenómeno (Berkes et al., 2003; Folke, 2006).

Norris y colaboradores desarrollaron en 2008 uno de los marcos teóricos más influyentes, conceptualizando la resiliencia comunitaria como metáfora, teoría, conjunto de capacidades y estrategia para la preparación ante desastres. Estos autores identificaron cuatro dimensiones fundamentales de recursos adaptativos: desarrollo económico, capital social, información y comunicación, y competencias comunitarias. Esta perspectiva multidimensional ha sido ampliamente adoptada en estudios posteriores por su capacidad de integrar factores estructurales y procesuales.

La resiliencia comunitaria se refiere a las capacidades inherentes de la comunidad para afrontar y adaptarse a las consecuencias del peligro utilizando solo los recursos disponibles (Paton y Johnston, 2006). Esta definición subraya la importancia de la autogestión comunitaria y la movilización de recursos locales, aspectos particularmente relevantes en contextos donde la presencia estatal es limitada o ineficaz.

Más recientemente, autores como Aldrich (2012) han enfatizado el papel crucial del capital social en los procesos de recuperación posdesastre. El capital social se entiende como un activo multinivel que comprende la participación de individuos en grupos formales o informales en la comunidad, así como las relaciones entre ellos y con las instituciones establecidas. Este es, según Dynes (2002), el único tipo de capital que puede aumentar como producto de un desastre, lo que destaca su naturaleza paradójica y su potencial transformador.

1.2 Dimensiones operacionales de la resiliencia comunitaria

Para operacionalizar el concepto, diversos investigadores han desarrollado instrumentos de medición basados en modelos teóricos como los de Twigg (2007) y Suárez-Ojeda (2001). Estos modelos identifican componentes específicos que pueden ser evaluados y fortalecidos mediante intervenciones comunitarias.

Entre las dimensiones más consistentemente identificadas en la literatura se encuentran:

Identidad cultural y autoestima colectiva: La percepción positiva que una comunidad tiene de sí misma y su capacidad para valorar sus propios recursos culturales, históricos y simbólicos. Esta dimensión incluye el orgullo colectivo y el sentido de pertenencia territorial.

Capital social y redes de apoyo: Las estructuras sociales y redes de interconexión, el soporte social entendido como ayuda percibida y recibida, y el sentido de comunidad. Esta dimensión abarca tanto las relaciones informales entre vecinos como las organizaciones comunitarias formales.

Liderazgo y empoderamiento: La existencia de líderes comunitarios reconocidos, la distribución del poder y la capacidad de la comunidad para tomar decisiones autónomas sobre su propio desarrollo.

Competencias comunitarias y aprendizaje colectivo: La acción comunitaria, la participación en asociaciones y la capacidad para la solución de problemas. Esta dimensión incluye el conocimiento acumulado de experiencias previas y la capacidad de transmitirlo intergeneracionalmente.

Honestidad gubernamental y confianza institucional: El nivel de confianza que la comunidad deposita en las instituciones públicas y la percepción de transparencia en la gestión de recursos y toma de decisiones.

Es importante señalar que estas dimensiones no operan de manera aislada, sino que se entrelazan en configuraciones específicas dependiendo del contexto sociocultural, histórico y geográfico de cada comunidad.

2. Resiliencia Comunitaria ante Desastres Naturales: Evidencia Empírica

2.1 Contexto urbano: El terremoto de México 2017 y la respuesta ciudadana

El 19 de septiembre de 2017, un sismo de magnitud 7.1 sacudió el centro de México, cobrando la vida de 369 personas y colapsando 38 edificios en la Ciudad de México (CENAPRED, 2017). Este evento ocurrió exactamente 32 años después del devastador terremoto de 1985, que había dejado profundas huellas en la memoria colectiva de la ciudad. La respuesta que emergió en 2017 constituyó un caso paradigmático de resiliencia urbana espontánea que ha sido objeto de múltiples análisis académicos.

Características de la respuesta comunitaria

A diferencia de 1985, cuando la sociedad civil se organizó ante un Estado colapsado, en 2017 la sociedad mexicana demostró capacidades significativamente más desarrolladas de autoorganización. En cuestión de minutos, miles de ciudadanos convergieron en los puntos de derrumbe, formando brigadas espontáneas de rescate. Las redes sociales digitales se convirtieron en herramientas fundamentales de coordinación: se crearon grupos de WhatsApp por zona afectada, mapas colaborativos en Google Maps identificando edificios colapsados, y sistemas de verificación de información mediante hashtags como #FuerzaMéxico y #19S (Sánchez González y Martínez Cruz, 2018).

La organización ciudadana estableció protocolos informales pero efectivos: turnos de remoción de escombros, señales de silencio para detectar sobrevivientes, cadenas humanas para transporte de materiales, y centros de acopio de víveres coordinados mediante aplicaciones móviles. Esta estructura horizontal permitió una respuesta rápida y adaptada a las necesidades específicas de cada punto de crisis.

Un elemento crucial fue la transmisión intergeneracional de conocimiento. Los sobrevivientes del sismo de 1985 compartieron saberes prácticos sobre técnicas de rescate, evaluación de daños estructurales y organización comunitaria. Este "entrenamiento histórico-cultural" (Suárez-Ojeda, 2001) demostró ser un activo invaluable, conectando la memoria colectiva con la acción presente.

Tensiones entre autonomía y coordinación institucional

Sin embargo, el caso también reveló tensiones significativas. La coordinación entre voluntarios y autoridades resultó problemática en múltiples ocasiones. Hubo duplicación de esfuerzos, intervenciones bien intencionadas pero técnicamente inadecuadas que pusieron en riesgo estructuras frágiles, y conflictos por el control de espacios y recursos. La desconfianza hacia las autoridades, alimentada por escándalos de corrupción en la reconstrucción post-1985, complicó el establecimiento de protocolos unificados.

Estos hallazgos son consistentes con la literatura sobre gestión de desastres. Aldrich y Meyer (2015) argumentan que la efectividad de la respuesta comunitaria depende críticamente de la capacidad de establecer puentes entre la acción ciudadana autónoma y la coordinación institucional. La ausencia de estos puentes puede llevar al desperdicio de recursos y a la generación de nuevos riesgos.

Lecciones para la resiliencia urbana

El caso del terremoto de 2017 ofrece varias lecciones importantes:

El capital social preexistente importa: Las zonas con mayor tradición organizativa (juntas vecinales, comités barriales) respondieron más efectivamente que áreas con menor cohesión social previa.

La tecnología digital puede amplificar, no sustituir, la organización comunitaria: Las plataformas digitales fueron efectivas porque se insertaron en estructuras sociales ya existentes, no porque las crearan desde la nada.

La memoria colectiva es un recurso de resiliencia: La experiencia de 1985 proveyó marcos de referencia, técnicas prácticas y motivación emocional que aceleraron la respuesta.

La desconfianza institucional limita la efectividad de la respuesta: Sin mecanismos de coordinación legítimos entre sociedad civil y gobierno, se generan ineficiencias y conflictos que obstaculizan la recuperación.

2.2 Contexto rural: Estrategias adaptativas ante inundaciones recurrentes

Las comunidades rurales han desarrollado estrategias de adaptación que integran saberes tradicionales con nuevas tecnologías, demostrando capacidades específicas de resiliencia territorial. El caso de comunidades rurales e indígenas en regiones propensas a inundaciones ilustra formas alternativas de resiliencia basadas en conocimiento ecológico local y gobernanza comunitaria.

Sistemas de alerta temprana comunitarios

En contraste con los sistemas tecnológicos centralizados, muchas comunidades rurales han desarrollado redes de observación territorial que aprovechan el conocimiento detallado del comportamiento hidrológico local. Estas redes, operadas mediante radios de comunicación de bajo costo, permiten tiempos de anticipación suficientes para evacuación y protección de bienes críticos. La efectividad de estos sistemas reside en su especificidad contextual: los observadores locales interpretan señales ambientales (niveles de ríos, patrones de lluvia, comportamiento animal) que difícilmente pueden ser capturados por modelos hidrológicos generalizados.

Arquitectura adaptativa y saberes constructivos tradicionales

La adaptación arquitectónica constituye otra dimensión importante de resiliencia rural. Las viviendas en palafitos, los graneros elevados y el uso de materiales locales de rápida reposición representan estrategias que integran siglos de experiencia con dinámicas hidrológicas específicas. Estas técnicas constructivas tradicionales han sido frecuentemente desplazadas por programas gubernamentales de vivienda que imponen diseños estandarizados sin considerar el conocimiento local, resultando en infraestructuras vulnerables que son abandonadas o destruidas en la siguiente temporada de lluvias.

Economía solidaria y mecanismos de reciprocidad

La recuperación posdesastre en contextos rurales frecuentemente se basa en sistemas de ayuda mutua como el tequio o faena comunitaria. Estos mecanismos implican trabajo comunitario no remunerado para reconstruir las viviendas más afectadas, rotando la prioridad según las necesidades. Estos sistemas de reciprocidad representan formas de seguro social no monetarizadas que reducen la vulnerabilidad sin depender de transferencias externas.

Limitaciones de las intervenciones estandarizadas

Los programas diseñados por expertos externos sin consulta genuina a las comunidades suelen fracasar o generar dependencia. La evidencia documentada en múltiples contextos latinoamericanos muestra que las soluciones técnicas impuestas verticalmente son rechazadas, modificadas sustancialmente o abandonadas por las comunidades (Sandoval-Díaz et al., 2018). Esta observación ha llevado a proponer enfoques de "co-producción de conocimiento" que integran saberes técnico-científicos con conocimientos locales en procesos participativos genuinos.

2.3 Análisis comparativo: Factores diferenciales de resiliencia según contexto

La comparación entre respuestas urbanas y rurales ante desastres naturales revela diferencias sistemáticas en las modalidades de resiliencia:

Estas diferencias no implican superioridad de un modelo sobre otro, sino especificidades contextuales que deben ser reconocidas en el diseño de políticas de gestión de riesgo. La resiliencia efectiva es siempre contextualmente situada.

3. Resiliencia ante Conflictos Sociales: Transformación Urbana y Paz Territorial

3.1 Medellín, Colombia: De la violencia extrema al urbanismo social transformador

El caso de Medellín representa uno de los procesos de transformación urbana más documentados y discutidos en América Latina. En 1991, la ciudad registró 381 homicidios por cada 100,000 habitantes, consolidándose como la ciudad más violenta del mundo. Para 2015, esta tasa había descendido a 19.8, una reducción del 94.8% (Giraldo y Preciado, 2015). Sin embargo, como señala la literatura crítica, esta transformación no puede reducirse a indicadores cuantitativos, sino que requiere un análisis de los procesos sociales, políticos y espaciales que la hicieron posible.

El modelo de urbanismo social

La transformación de Medellín se debe a una idea poderosa llamada urbanismo social, que consiste en un conjunto de cambios desde la administración pública, la intervención de espacios públicos, el transporte y la inclusión. Este modelo, implementado sistemáticamente a partir de 2004, se fundamentó en el principio de que la violencia urbana tiene raíces en la exclusión socioespacial y que, por tanto, su transformación requiere intervenciones integrales que reconozcan la dignidad de las poblaciones marginadas.

Los Proyectos Urbanos Integrales (PUI) constituyeron el instrumento principal de este modelo. Estos proyectos articularon intervenciones en infraestructura (Metrocable, escaleras eléctricas en la Comuna 13), equipamientos culturales (Parques Biblioteca), espacios públicos y programas sociales en los barrios históricamente más afectados por la violencia. El Metrocable se convirtió en símbolo de unión, reduciendo tiempos de viaje de dos horas a quince minutos y enviando un mensaje simbólico poderoso sobre la inclusión de estos barrios a la ciudad.

Dimensión simbólica de la recuperación

La intervención física fue acompañada de estrategias de resignificación simbólica del espacio. El puente mirador Andalucía-La Francia se convirtió en símbolo de reconciliación entre barrios que hasta ese momento tenían líneas fronterizas imaginarias debido a rivalidades entre bandas. Estos espacios no solo facilitaron la movilidad, sino que representaron declaraciones públicas de que los territorios antes abandonados por el Estado importaban y merecían inversión.

El Museo Casa de la Memoria ejemplifica otra dimensión crucial: el reconocimiento del dolor colectivo. Este espacio permite que las víctimas del conflicto narren sus historias, convirtiendo el reconocimiento del dolor colectivo en el primer paso hacia la sanación. La pedagogía de la memoria se estableció como componente fundamental de la construcción de paz territorial.

Participación comunitaria y liderazgos locales

La efectividad del modelo dependió críticamente del fortalecimiento de organizaciones comunitarias de base. Muchas de estas organizaciones estaban lideradas por mujeres que habían perdido hijos o familiares en el conflicto y que canalizaron su dolor hacia la acción colectiva. Estas líderes desempeñaron roles fundamentales en mediación de conflictos, prevención de violencia y construcción de tejido social.

La participación comunitaria, sin embargo, no estuvo exenta de tensiones. Existieron conflictos entre visiones comunitarias y diseños técnicos, problemas de representatividad en los procesos participativos, y tensiones sobre el control de espacios y recursos. La literatura académica ha documentado que en algunos casos la participación fue más consultiva que decisoria, limitando el alcance transformador del proceso (Echeverri y Orsini, 2010).

Limitaciones y persistencia de estructuras de violencia

La transformación física no siempre fue acompañada de cambios en las estructuras de poder, persistiendo zonas donde grupos armados ilegales ejercen control territorial. Bandas criminales se reorganizaron aprovechando las transformaciones urbanas, y problemas como el microtráfico, la extorsión y el control territorial persisten en múltiples barrios (Angarita et al., 2008).

La presencia constante de violencia urbana representa un obstáculo para la garantía de derechos humanos en el contexto urbano, reconociendo una deuda institucional con una vida urbana renovada. Esta observación crítica es fundamental: la resiliencia no debe entenderse como la celebración acrítica de logros parciales, sino como un proceso continuo que reconoce tanto avances como limitaciones estructurales persistentes.

Implicaciones teóricas del caso Medellín

El proceso de Medellín ofrece varias lecciones para la comprensión de la resiliencia comunitaria ante conflictos sociales:

La resiliencia requiere inversión material y simbólica simultánea: La infraestructura sin reconocimiento simbólico es insuficiente para la transformación profunda.

El urbanismo puede ser herramienta de justicia social: Cuando las intervenciones espaciales se diseñan explícitamente para reducir exclusión, pueden contribuir a la construcción de paz.

La memoria colectiva es dimensión constitutiva de la resiliencia: Sin procesos de reconocimiento del dolor, la recuperación permanece incompleta.

Los cambios estructurales requieren tiempo y son no lineales: La reducción de indicadores de violencia no implica automáticamente la erradicación de causas estructurales.

3.2 Comunidades indígenas: Resiliencia territorial ante el despojo

Las comunidades indígenas en América Latina enfrentan amenazas específicas relacionadas con el despojo territorial para proyectos extractivistas, agroindustriales y de infraestructura. Su resiliencia adopta formas particulares que combinan resistencia, adaptación y reinvención de identidades, operando frecuentemente en contextos de asimetría de poder extrema.

Estrategias de defensa territorial

La cartografía participativa ha emergido como herramienta fundamental de resistencia. Comunidades en la Amazonía ecuatoriana, peruana y colombiana han utilizado tecnología GPS y drones para crear mapas detallados de sus territorios ancestrales, documentando sitios sagrados, zonas de biodiversidad crítica y evidencias de impacto ambiental de actividades extractivas. Estos mapas se han convertido en instrumentos legales cruciales en litigios contra empresas y Estados (Hern Velasco, 2016).

Las alianzas estratégicas con organizaciones ambientalistas, académicos y medios internacionales han permitido amplificar voces tradicionalmente marginadas del debate público. Casos como la demanda de los Waorani contra el Estado ecuatoriano en 2019, que resultó en la protección de 500,000 hectáreas de territorio, ilustran la efectividad de estas estrategias cuando se combinan conocimiento jurídico especializado, movilización comunitaria y presión internacional.

Economías alternativas y autonomía

El desarrollo de proyectos de turismo comunitario, artesanía y agroecología ha permitido generar ingresos sin comprometer la integridad territorial. Estos proyectos representan formas de resiliencia económica que cuestionan la narrativa desarrollista que presenta la extracción de recursos como única alternativa para comunidades "atrasadas".

Desafíos: criminalización y fragmentación interna

La defensa territorial enfrenta amenazas severas. La criminalización de líderes indígenas, el asesinato de defensores ambientales (Global Witness documentó 212 asesinatos en América Latina en 2019) y la debilidad institucional del Estado para proteger derechos reconocidos constituyen obstáculos mayores.

Adicionalmente, las divisiones internas generadas por empresas que ofrecen compensaciones económicas a familias individuales han fragmentado la cohesión comunitaria en algunos casos. Esta estrategia empresarial de "divide y vencerás" explota tensiones internas relacionadas con desigualdades económicas, conflictos generacionales y diferentes visiones sobre desarrollo.

Resiliencia como ejercicio de autodeterminación

La resiliencia indígena se fundamenta en la relación profunda con el territorio, entendido no como recurso económico sino como matriz cultural, espiritual y de subsistencia. Las estrategias más efectivas son aquellas que fortalecen esta conexión mientras construyen puentes hacia sistemas legales y políticos que tradicionalmente los han excluido. Esta doble estrategia —arraigo en identidad cultural propia y capacidad de navegar sistemas externos— caracteriza las formas más robustas de resiliencia indígena.

4. Resiliencia ante Crisis Sanitarias: Respuestas Comunitarias Diferenciadas frente al COVID-19

La pandemia de COVID-19 constituyó un experimento natural global que puso a prueba la resiliencia de comunidades en contextos diversos. En América Latina, donde desigualdades estructurales preexistentes se intersectaron con la crisis sanitaria, emergieron respuestas comunitarias diferenciadas que revelan tanto las capacidades de autoorganización como las limitaciones de políticas públicas descontextualizadas.

4.1 Resiliencia urbano-popular: Las ollas comunes y redes de cuidado mutuo

En barrios populares de ciudades como Lima, Buenos Aires, Ciudad de México y Santiago, donde el trabajo informal predomina y el hacinamiento es cotidiano, las cuarentenas estrictas resultaron materialmente imposibles de cumplir. La disyuntiva "quedarse en casa o comer" no era retórica sino realidad para millones de familias.

Las ollas comunes como infraestructura de supervivencia

En Perú, las ollas comunes se multiplicaron durante la pandemia, proporcionando alimentación a cientos de miles de familias. Estas organizaciones, mayoritariamente lideradas por mujeres, representaron mucho más que distribución de alimentos: constituyeron espacios de sostén emocional, articulación política y visibilización de poblaciones ignoradas por políticas públicas (Huamán, 2021).

Las ollas comunes tienen historias largas en América Latina, vinculadas a períodos de crisis económica y conflictos armados. Durante COVID-19, esta memoria organizativa permitió reactivar rápidamente estructuras que, aunque latentes, mantenían capacidades institucionales informales. Esto ilustra un principio fundamental de resiliencia comunitaria: las capacidades organizativas previas, incluso cuando no están activamente operando, constituyen activos que pueden ser rápidamente movilizados ante nuevas crisis.

Redes vecinales digitales

La organización por WhatsApp, aplicaciones de mensajería y redes sociales permitió coordinar compras colectivas, reducir salidas individuales y organizar apoyo a personas mayores o enfermas. Estas redes digitales se superpusieron sobre estructuras vecinales preexistentes, amplificando sus capacidades de coordinación.

Sin embargo, la digitalización también reveló nuevas exclusiones: adultos mayores con menor alfabetización digital, hogares sin acceso a internet, y personas con discapacidades que dificultaban el uso de tecnologías fueron frecuentemente marginados de estas redes. La resiliencia digital, por tanto, no es automáticamente inclusiva y requiere esfuerzos deliberados para no reproducir desigualdades preexistentes.

Limitaciones de políticas descontextualizadas

Las políticas de confinamiento diseñadas sin considerar las realidades de la pobreza urbana fueron contraproducentes, generando más incumplimiento que protección. La prohibición de circulación aplicada uniformemente a quien necesita salir diariamente para obtener ingresos de subsistencia representó un ejercicio de poder desconectado de realidades materiales.

La falta de coordinación entre redes comunitarias y autoridades sanitarias desperdició oportunidades valiosas. En varios casos documentados, organizaciones comunitarias con capacidades de llegar a poblaciones vulnerables no fueron incorporadas en estrategias oficiales, mientras recursos públicos se destinaban a campañas masivas genéricas de baja efectividad en contextos específicos.

4.2 Autonomía sanitaria indígena: Cercos comunitarios y medicina híbrida

El Instituto Nacional de Pueblos Indígenas de México reconoció la importancia del respeto a los cercos y controles sanitarios realizados por iniciativa de los pueblos indígenas en ejercicio de su autonomía y libre determinación. Esta respuesta autonómica se replicó en múltiples países latinoamericanos y ofrece lecciones importantes sobre gobernanza comunitaria en crisis.

Cercos sanitarios comunitarios

Comunidades establecieron puntos de control en accesos a sus territorios, regulando el ingreso de personas externas y estableciendo cuarentenas voluntarias. Estos cercos, decididos en asambleas comunitarias, representaron ejercicios de soberanía territorial que en múltiples casos fueron más efectivos que medidas gubernamentales.

El cierre de caminos fue descrito como un reflejo nato, una autonomía que no se pregunta, manteniendo regiones enteras en fase 1 de la pandemia durante períodos prolongados. Esta capacidad de acción rápida y coordinada revela estructuras de gobernanza comunitaria que operan con mayor legitimidad y efectividad que instituciones estatales en estos contextos.

Medicina tradicional e híbrida

Las comunidades integraron conocimientos de medicina tradicional con medidas de prevención convencionales, creando protocolos híbridos culturalmente apropiados. El uso de plantas medicinales, temazcales y ceremonias de sanación se combinó con protocolos de distanciamiento, uso de cubrebocas y prácticas de higiene. Esta hibridación representa una forma de resiliencia epistémica: la capacidad de integrar diferentes sistemas de conocimiento sin subordinar uno al otro.

Comunicación en lenguas originarias

El INPI tradujo guías de atención a 61 lenguas indígenas y variantes lingüísticas, difundidas a través del Sistema de Radiodifusoras Culturales Indígenas. Esta estrategia reconoció que la información culturalmente pertinente no es meramente información traducida, sino información recontextualizada en marcos culturales específicos. Promotores de salud comunitarios, utilizando radios comunitarias y sistemas de altavoces, difundieron información combatiendo desinformación más efectivamente que campañas oficiales. La confianza en comunicadores locales conocidos, que hablan la lengua materna y entienden las cosmovivencias específicas, resultó ser un factor crítico en la efectividad de estrategias preventivas.

Resultados comparativos

Múltiples comunidades indígenas que implementaron cercos sanitarios tempranos y mantuvieron su autonomía reportaron tasas de contagio significativamente menores que regiones circundantes. Estudios epidemiológicos confirmaron que estas estrategias, frecuentemente calificadas como "primitivas" o "anticientíficas" por observadores externos, fueron efectivas en términos de salud pública (Menéndez, 2020). Este hallazgo cuestiona narrativas hegemónicas sobre la superioridad del conocimiento técnico-científico occidental. La efectividad de estrategias basadas en gobernanza comunitaria, conocimiento territorial y medicina tradicional sugiere que la resiliencia sanitaria puede tomar múltiples formas, no reducibles a un modelo único.

4.3 Análisis comparativo y lecciones transversales

La pandemia demostró que la resiliencia comunitaria ante crisis sanitarias no se distribuye uniformemente ni depende exclusivamente de recursos materiales. Factores como organización preexistente, confianza interna, capacidad de autogestión y legitimidad de liderazgos locales fueron frecuentemente más determinantes que la disponibilidad de equipamiento médico o transferencias monetarias.

Comunidades con estructuras organizativas previas respondieron más efectivamente. Las ollas comunes reactivaron conocimientos organizativos de décadas anteriores; las comunidades indígenas movilizaron sistemas de cargos y asambleas que operan desde tiempos precoloniales. Esta observación refuerza un hallazgo consistente en la literatura: la resiliencia no se crea espontáneamente en momentos de crisis, sino que se fundamenta en capacidades construidas históricamente.

La autonomía decisoria resultó más efectiva que la dependencia de directrices centralizadas. Comunidades que pudieron tomar decisiones adaptadas a sus contextos específicos, sin esperar autorización de instancias superiores, implementaron medidas más oportunas y culturalmente pertinentes. Esto plantea dilemas importantes para el diseño de políticas públicas: ¿cómo articular coordinación nacional con autonomía local? ¿Cómo establecer estándares mínimos sin imponer homogeneización?

La digitalización amplificó capacidades existentes pero no creó comunidad. Las tecnologías digitales fueron efectivas cuando se insertaron en redes sociales preexistentes, pero fracasaron cuando se asumió que la tecnología por sí misma generaría organización comunitaria. Además, la exclusión digital reprodujo y en algunos casos amplificó desigualdades previas.

5. Síntesis Analítica: Factores Transversales de Resiliencia Comunitaria

5.1 Elementos facilitadores consistentemente identificados

El análisis de los casos presentados, contrastado con la literatura académica especializada, permite identificar factores que consistentemente facilitan procesos de resiliencia comunitaria:

1. Organización social preexistente y capital social

Las comunidades con estructuras organizativas formales o informales previas a la crisis (juntas vecinales, asambleas, cooperativas, comités, organizaciones tradicionales) responden más rápida y efectivamente. El capital social, entendido como redes de confianza, reciprocidad y cooperación, constituye el sustrato sobre el cual se construyen respuestas adaptativas (Aldrich, 2012). Este hallazgo ha sido consistentemente documentado en múltiples contextos geográficos y tipos de crisis.

Es importante distinguir entre diferentes tipos de capital social. El "bonding social capital" (lazos fuertes dentro del grupo) provee cohesión interna y apoyo mutuo inmediato, mientras el "bridging social capital" (lazos débiles con otros grupos) facilita acceso a recursos externos y diversidad de información. Las comunidades más resilientes típicamente combinan ambas formas.

2. Conocimiento territorial, ecológico y contextual

El saber local acumulado durante generaciones o construido colectivamente sobre características específicas del territorio, patrones climáticos, dinámicas sociales y recursos disponibles constituye un activo crítico. Este conocimiento permite respuestas más precisas, oportunas y sostenibles que soluciones técnicas estandarizadas (Berkes et al., 2000). La literatura sobre conocimiento ecológico tradicional ha documentado ampliamente cómo comunidades indígenas y rurales poseen sofisticados sistemas de monitoreo ambiental, predicción de eventos y manejo adaptativo de recursos que frecuentemente superan la efectividad de sistemas técnicos centralizados.

3. Liderazgos distribuidos, legítimos y diversos

Las comunidades resilientes se caracterizan por tener múltiples líderes con diferentes habilidades, géneros, edades y perspectivas, en lugar de concentración de poder en pocas personas. Los liderazgos legítimos, reconocidos por la comunidad (no necesariamente formalmente designados), pueden movilizar acción colectiva más efectivamente que autoridades impuestas externamente.

Es particularmente notable el papel de las mujeres en prácticamente todos los procesos de recuperación documentados. El liderazgo femenino en ollas comunes, organización vecinal, mediación de conflictos y gestión de recursos ha sido crucial, aunque frecuentemente invisibilizado en análisis oficiales que privilegian liderazgos masculinos formales.

4. Memoria colectiva de crisis anteriores

Las comunidades que han enfrentado crisis previas y han reflexionado colectivamente sobre esas experiencias están mejor preparadas para crisis subsecuentes. La transmisión intergeneracional de conocimientos, ya sea mediante narrativas orales, rituales, prácticas o instituciones, constituye un mecanismo de aprendizaje comunitario (Ríos y Antunes, 2012).

Sin embargo, es importante señalar que la experiencia previa no garantiza automáticamente resiliencia. Comunidades que experimentaron traumas no procesados pueden desarrollar respuestas desadaptativas. La memoria resiliente requiere procesamiento colectivo, reconocimiento del dolor y extracción de lecciones, no mera exposición repetida a adversidad.

5. Capacidad de autoorganización horizontal y adaptación rápida

En momentos críticos, las estructuras jerárquicas rígidas son frecuentemente menos efectivas que redes flexibles donde múltiples nodos pueden tomar iniciativas sin esperar autorización centralizada. La horizontalidad permite respuestas rápidas y experimentación adaptativa (Norris et al., 2008).

Esta observación no implica que toda jerarquía sea disfuncional, sino que la rigidez jerárquica en contextos de incertidumbre radical (como los primeros momentos de una crisis) obstaculiza la adaptación. La resiliencia requiere equilibrios dinámicos entre coordinación y autonomía.

6. Integración de solidaridad interna y apertura estratégica externa

Las comunidades más resilientes combinan solidaridad interna robusta (apoyo mutuo, redistribución de recursos, cuidado colectivo) con capacidad de establecer alianzas externas estratégicas (con organizaciones, instituciones, comunidades similares). Ni el aislamiento total ni la dependencia completa de actores externos resultan sostenibles (Berkes y Ross, 2013).

Esta integración requiere capacidades específicas: mantener identidad y autonomía mientras se negocia con actores externos; discriminar entre alianzas genuinas y cooptación; traducir demandas comunitarias a lenguajes institucionales sin traicionar intereses colectivos.

5.2 Obstáculos sistemáticamente identificados

El análisis también permite identificar factores que consistentemente obstaculizan la resiliencia comunitaria:

1. Imposición de soluciones estandarizadas sin participación genuina

Los programas diseñados por expertos externos sin consulta significativa a las comunidades, o con "participación" meramente consultiva donde las decisiones sustantivas ya han sido tomadas, suelen fracasar o generar dependencia. La imposición erosiona la agencia comunitaria, que es precisamente el núcleo de la resiliencia (Chambers, 1994).

La literatura crítica sobre desarrollo ha documentado extensamente los fracasos de proyectos "llave en mano" que ignoran conocimiento local, dinámicas sociales específicas y preferencias culturales. Estos fracasos no son excepcionales

61

sino sistemáticos, sugiriendo problemas estructurales en modelos de intervención verticalista.

2. Descontextualización y estandarización de respuestas

No existe una "receta" universal de resiliencia aplicable a todos los contextos. Lo que funciona en una megaurbe no funciona necesariamente en una comunidad rural, y viceversa. La diversidad de contextos exige diversidad de estrategias, pero frecuentemente políticas públicas privilegian la uniformidad por razones de eficiencia administrativa (Scott, 1998).

Esta tensión entre la necesidad de políticas estandarizadas (para garantizar equidad y eficiencia administrativa) y la necesidad de adaptación contextual (para garantizar efectividad) constituye un dilema persistente en la gestión pública.

3. Enfoque exclusivo en infraestructura física sin atención al tejido social

Reconstruir edificios, carreteras o sistemas de agua sin reconstruir simultáneamente relaciones sociales, confianza y capacidades organizativas genera espacios vacíos de comunidad. La resiliencia genuina requiere atención simultánea a dimensiones materiales y relacionales (Aldrich, 2012).

Múltiples evaluaciones de proyectos de reconstrucción posdesastre han documentado infraestructuras subutilizadas, abandonadas o reapropiadas de formas no previstas porque las dimensiones sociales fueron ignoradas.

4. Militarización y control vertical en contextos de crisis

Las respuestas autoritarias que desconfían de la capacidad ciudadana y privilegian control militar o policial sobre coordinación civil generan resistencia, ocultamiento de información, estigmatización de poblaciones vulnerables y fragmentación social. La resiliencia requiere confianza, transparencia y reconocimiento de agencia comunitaria, no control coercitivo (Tierney, 2014).

Los desastres no generan automáticamente caos social que requiere imposición de orden mediante fuerza; esta es una narrativa ideológica que justifica respuestas autoritarias. La evidencia empírica muestra que el comportamiento prosocial, la solidaridad y la autoorganización son respuestas típicas de poblaciones en crisis.

5. Invisibilización de conocimientos no formalizados académicamente

Descalificar saberes tradicionales, populares o experienciales por carecer de validación científica formal desperdicia recursos cruciales y aliena a quienes los poseen. Los sistemas de conocimiento no científicos no son simplemente versiones "primitivas" o "incompletas" del conocimiento científico, sino formas alternativas de conocer con lógicas, métodos y criterios de validación propios (Santos, 2010).

La hegemonía del conocimiento técnico-científico occidental en políticas públicas ha sido objeto de crítica creciente, especialmente desde perspectivas decoloniales y de epistemologías del sur que reivindican la validez y utilidad de sistemas de conocimiento subalternizados.

6. Ausencia de procesamiento colectivo del trauma

Las comunidades que no tienen espacios, tiempos y recursos para procesar colectivamente sus traumas, reconocer a sus víctimas y elaborar memorias compartidas tienen mayor dificultad para avanzar. El duelo colectivo no es un obstáculo para la recuperación, sino una condición de ella (Uriarte, 2013).

Los procesos de memoria, verdad y reparación, originalmente desarrollados en contextos de justicia transicional, son igualmente relevantes para comunidades afectadas por desastres naturales o crisis sanitarias. El reconocimiento público del dolor colectivo tiene efectos terapéuticos y políticos fundamentales.

5.3 Dilemas persistentes y tensiones irresueltas

El análisis también revela tensiones estructurales que no tienen resoluciones simples:

Autonomía versus articulación institucional

Las comunidades más autónomas frecuentemente logran respuestas más efectivas y culturalmente pertinentes, pero también enfrentan mayores dificultades para acceder a recursos estatales, reconocimiento legal y protección institucional. Por otro lado, la articulación estrecha con instituciones puede generar dependencia, cooptación o subordinación de agendas comunitarias.

Este dilema no tiene solución universal. Diferentes comunidades en diferentes momentos navegan este balance de formas específicas. El desafío para las políticas públicas es crear arquitecturas institucionales suficientemente flexibles para permitir múltiples formas de articulación sin imponer un modelo único.

Cohesión interna versus inclusión de diferencias

La resiliencia frecuentemente se asocia con cohesión social fuerte, pero la cohesión puede también implicar exclusión de diferencias internas (étnicas, de clase, de género, generacionales). Comunidades muy cohesionadas pueden ser homogéneas y excluyentes. La tensión entre solidaridad y diversidad es constitutiva de la vida comunitaria.

La literatura sobre capital social ha identificado el "lado oscuro" de la cohesión comunitaria: puede facilitar corrupción, clientelismo, exclusión de outsiders y restricción de libertades individuales. La resiliencia inclusiva requiere equilibrios complejos entre pertenencia y respeto a diferencias.

Movilización extraordinaria versus institucionalización sostenible

El "efecto luna de miel" de solidaridad intensa inmediatamente después de una crisis suele desvanecerse con el tiempo. ¿Cómo institucionalizar aprendizajes y capacidades desarrollados en momentos extraordinarios sin burocratizar la respuesta? ¿Cómo mantener energía colectiva en el largo plazo?

Este dilema refleja tensiones más profundas entre espontaneidad y organización, carisma y rutina, entusiasmo y sostenibilidad. Las comunidades que logran mejor balance son aquellas que crean rutinas y rituales que mantienen viva la memoria de cooperación sin fosilizarla.

Resiliencia como capacidad versus resiliencia como ideología

Existe el peligro real de que el discurso de resiliencia se utilice ideológicamente para justificar el abandono estatal. "Si las comunidades son tan resilientes, que se las arreglen solas" es una narrativa que sirve a agendas neoliberales de retracción del Estado. La celebración acrítica de la resiliencia comunitaria puede volverse funcional a proyectos de desmantelamiento de responsabilidades públicas (Joseph, 2013).

Este dilema ético-político es fundamental. La resiliencia comunitaria no debe eximir al Estado de sus responsabilidades constitucionales de garantizar derechos. Más bien, debe entenderse como complemento, no sustituto, de políticas públicas robustas. El desafío es celebrar y fortalecer capacidades comunitarias sin romantizarlas ni utilizarlas como justificación de inacción estatal.

6. Implicaciones para Políticas Públicas y Práctica Profesional

El análisis de casos y la síntesis de literatura permiten derivar implicaciones concretas para el diseño de políticas públicas y programas de intervención:

6.1 Principios orientadores

1. Subsidiariedad activa: Las intervenciones deben comenzar reconociendo y fortaleciendo capacidades locales existentes, proveyendo recursos complementarios en lugar de sustituir agencias comunitarias. El Estado debe actuar subsidiariamente, interviniendo donde las capacidades locales son insuficientes pero no desplazándolas.

2. Contextualización radical: Toda intervención debe ser diseñada considerando especificidades culturales, históricas, geográficas y sociales del contexto. La estandarización debe ser la excepción justificada, no la norma.

3. Participación sustantiva, no extractiva: La participación comunitaria debe implicar poder decisorio real sobre aspectos sustantivos, no meramente consultivo o de legitimación de decisiones ya tomadas. Esto requiere redistribución efectiva de poder, no simulacros participativos.

4. Integración de conocimientos: Las políticas deben crear espacios genuinos de diálogo entre conocimiento técnico-científico y conocimientos locales, tradicionales o experienciales, sin subordinar automáticamente unos a otros.

5. Enfoque de largo plazo: La resiliencia no se construye con intervenciones de corto plazo sino con acompañamientos sostenidos que respetan ritmos comunitarios y construyen capacidades institucionales locales.

6.2 Recomendaciones operativas

Para gestión de riesgo de desastres: Invertir en fortalecimiento de organizaciones comunitarias preexistentes en lugar de crear estructuras paralelas. Desarrollar sistemas de alerta temprana que integren conocimiento técnico y observación local. Implementar programas de transmisión intergeneracional de memoria de desastres.

Para construcción de paz territorial: Priorizar inversión en territorios históricamente excluidos como acto de justicia reparativa, no como caridad. Crear espacios de memoria y reconocimiento de víctimas. Fortalecer organizaciones comunitarias de base, especialmente aquellas lideradas por mujeres. Evitar intervenciones que fragmenten tejidos sociales mediante incentivos individualizados.

Para gestión de crisis sanitarias: Reconocer y fortalecer sistemas comunitarios de salud y promotores locales. Diseñar comunicación en salud culturalmente pertinente, en lenguas locales, a través de canales de confianza comunitaria. Respetar decisiones autonómicas de comunidades indígenas y rurales sobre medidas sanitarias. Articular, no subordinar, medicina tradicional y biomedicina.

Para todos los ámbitos: Crear arquitecturas institucionales flexibles que permitan múltiples formas de articulación Estado-comunidad. Invertir en procesos de memoria, reconocimiento y reparación. Monitorear y evaluar no solo resultados materiales sino también fortalecimiento de capacidades comunitarias. Evitar criminalización de procesos organizativos autónomos.

7. Conclusiones

La resiliencia comunitaria, entendida como capacidad colectiva de resistir, adaptarse y transformarse positivamente frente a adversidades mayores, constituye un fenómeno complejo que opera en múltiples dimensiones y escalas. Los casos analizados en este capítulo —terremoto urbano en México, inundaciones rurales recurrentes, transformación de Medellín, defensa territorial indígena, ollas comunes ante COVID-19, cercos sanitarios autónomos— ilustran la diversidad de formas que puede adoptar la resiliencia según contextos específicos.

7.1 Hallazgos principales

Primero, la resiliencia comunitaria no es una cualidad estática que algunas comunidades poseen y otras carecen, sino una capacidad dinámica que se construye históricamente, se activa en momentos críticos y se transforma continuamente. No es un estado al que se llega sino un proceso que se vive. Esta concepción procesual tiene implicaciones importantes: sugiere que la resiliencia puede ser fortalecida mediante intervenciones apropiadas, pero también que puede erosionarse si las condiciones que la sustentan son destruidas.

Segundo, el capital social —entendido como redes de confianza, reciprocidad y cooperación— constituye el sustrato fundamental sobre el cual se construyen respuestas adaptativas. Las comunidades con mayor densidad de relaciones sociales, estructuras organizativas previas y experiencia de acción colectiva responden más efectiva y rápidamente a crisis. Este hallazgo, consistente en la literatura internacional, sugiere que las inversiones en fortalecimiento organizativo comunitario son inversiones en resiliencia.

Tercero, el conocimiento local —territorial, ecológico, cultural— constituye un activo crítico frecuentemente subestimado o directamente ignorado por aproximaciones técnicas estandarizadas. Las estrategias más efectivas son aquellas que integran conocimiento especializado externo con saberes locales en procesos de co-producción, no aquellas que imponen soluciones homogéneas diseñadas sin participación genuina.

Cuarto, la resiliencia tiene dimensiones materiales y simbólicas igualmente importantes. La reconstrucción física sin reconstrucción de tejido social es insuficiente; el reconocimiento simbólico sin recursos materiales es vacío. Las comunidades más resilientes son aquellas que logran articular ambas dimensiones.

Quinto, la memoria colectiva de crisis anteriores, cuando ha sido procesada reflexivamente y transmitida inter generacionalmente, constituye un recurso que acelera respuestas adaptativas. Sin embargo, traumas no procesados pueden generar respuestas desadaptativas. La memoria resiliente requiere espacios y recursos para reconocimiento colectivo del dolor.

Sexto, existen tensiones estructurales sin resoluciones simples: entre autonomía y articulación institucional, entre cohesión y diversidad, entre movilización extraordinaria e institucionalización sostenible. Diferentes comunidades navegan estos dilemas de formas específicas según sus historias, culturas y recursos.

7.2 Contribuciones teóricas

Este capítulo contribuye a la literatura sobre resiliencia comunitaria de varias formas:

Complejiza el concepto: Más allá de definiciones unidimensionales centradas en "volver al estado previo", se presenta la resiliencia como fenómeno multidimensional que incluye resistencia, adaptación y potencial transformación. Esta concepción es más adecuada para capturar la diversidad de respuestas comunitarias observadas empíricamente.

Contextualiza geográfica y culturalmente: Mientras mucha literatura sobre resiliencia proviene de contextos del Norte Global, este capítulo centra la atención en América Latina, región con especificidades importantes: alta desigualdad, Estados débiles, fuertes tradiciones organizativas populares, comunidades indígenas con derechos colectivos, historias de conflictos armados. Estas especificidades generan formas de resiliencia no siempre capturables con marcos teóricos desarrollados para otros contextos.

Integra múltiples tipos de crisis: La mayoría de estudios se centran en un tipo específico de crisis (desastres naturales o conflictos o pandemias). Este capítulo, al analizar transversalmente diferentes tipos de crisis, permite identificar patrones comunes y especificidades, enriqueciendo la comprensión del fenómeno.

Adopta perspectiva crítica: Evitando romantizar la resiliencia o utilizarla ideológicamente para justificar abandono estatal, se enfatiza que las comunidades no deberían tener que ser heroicamente resilientes ante condiciones de injusticia estructural evitable. La resiliencia es admirable, pero la justicia es indispensable.

7.3 Limitaciones y agenda futura de investigación

Este análisis tiene limitaciones que deben reconocerse. Primero, se basa principalmente en casos latinoamericanos, limitando su generalización a otros contextos. Segundo, privilegia casos "exitosos" de resiliencia, prestando menos atención a comunidades que no lograron recuperarse efectivamente. Tercero, se fundamenta mayormente en literatura publicada, con limitado trabajo de campo etnográfico propio.

La investigación futura debería:

Profundizar en el análisis de factores que explican por qué algunas comunidades en contextos aparentemente similares desarrollan mayor resiliencia que otras.

Examinar más sistemáticamente las dimensiones de género, generación y diferencias intracomunitarias en procesos resilientes.

Desarrollar metodologías longitudinales que permitan seguir procesos de resiliencia a lo largo del tiempo, superando las limitaciones de estudios transversales.

Investigar casos de "fracaso" de resiliencia para identificar factores críticos mediante comparación sistemática.

Explorar las intersecciones entre resiliencia comunitaria y cambio climático, reconociendo que la multiplicación de eventos extremos exige formas más robustas de adaptación colectiva.

Analizar críticamente cómo el concepto de resiliencia se está utilizando en políticas públicas, distinguiendo entre usos emancipatorios y usos ideológicos del concepto.

7.4 Reflexión final

Las crisis seguirán ocurriendo. Los desastres naturales intensificados por cambio climático, los conflictos sociales alimentados por desigualdades estructurales, las pandemias facilitadas por hiper conexión global y destrucción de ecosistemas son parte de nuestro futuro previsible. En este contexto, comprender y fortalecer la resiliencia comunitaria no es un ejercicio académico abstracto sino una necesidad práctica urgente.

Sin embargo, es crucial no fetichizar la resiliencia ni romantizar la adversidad. El objetivo último no es crear comunidades capaces de soportar heroicamente condiciones de injusticia creciente, sino construir sociedades más justas donde las crisis sean menos frecuentes, menos intensas y sus impactos más equitativamente distribuidos. La resiliencia comunitaria debe entenderse como capacidad valiosa a fortalecer, pero también como síntoma de que algo anda mal en nuestra organización social.

Las comunidades que comparten sus experiencias en este capítulo nos enseñan que incluso en los momentos más oscuros, la capacidad humana de conectar, cuidar y reconstruir colectivamente permanece viva. Nos recuerdan que juntos somos más fuertes, más creativos y capaces de lo que el individualismo nos ha hecho creer. Esta convicción, alimentada por prácticas concretas de solidaridad y transformación colectiva, es quizás el recurso más valioso que cualquier comunidad puede cultivar.

Pero también nos recuerdan que la resiliencia tiene límites. Que las capacidades comunitarias, por robustas que sean, no eximen a Estados y sistemas económicos de sus responsabilidades. Que el derecho a no tener que ser resiliente —el derecho a vivir en condiciones de justicia, paz y sostenibilidad— es igualmente fundamental. La verdadera transformación requiere tanto fortalecimiento de capacidades comunitarias como transformación de estructuras que generan vulnerabilidad. Solo así la resiliencia dejará de ser necesidad desesperada para convertirse en capacidad libremente cultivada.

Construcción y Fortalecimiento de la Resiliencia Comunitaria: Estrategias, Políticas e Innovación para la Acción Social

El análisis de experiencias de resiliencia comunitaria presentado en el capítulo anterior nos ha permitido identificar elementos facilitadores y obstáculos recurrentes en los procesos de recuperación y transformación colectiva. Sin embargo, comprender cómo emergen estas capacidades resilientes en contextos de crisis resulta insuficiente si no avanzamos hacia la pregunta fundamental: ¿cómo podemos construir y fortalecer deliberadamente la resiliencia comunitaria desde la acción social, educativa e institucional?

Este capítulo aborda precisamente esta interrogante, transitando del análisis descriptivo hacia la dimensión propositiva y operativa. Como señala la Comisión Económica para América Latina y el Caribe (CEPAL, 2021), la necesidad de incorporar la resiliencia al desarrollo humano es particularmente apremiante en nuestra región, donde cada crisis puede significar pérdidas importantes de desarrollo acumulado. Sin una perspectiva resiliente integrada en la gestión pública y la acción social, las comunidades quedan expuestas a ciclos recurrentes de vulnerabilidad.

Hemos sido testigo de cómo nuestras comunidades —particularmente las rurales y periurbanas— enfrentan desafíos múltiples: sequías prolongadas, violencia, migración, precariedad laboral. Estos desafíos no son excepcionales sino estructurales, lo que hace aún más urgente desarrollar capacidades sistemáticas de resiliencia que trasciendan respuestas reactivas para convertirse en estrategias proactivas de fortalecimiento comunitario.

El objetivo de este capítulo es examinar críticamente las principales estrategias mediante las cuales es posible fomentar la resiliencia desde distintos ámbitos de acción: políticas públicas con enfoque resiliente, educación para la resiliencia, participación ciudadana y empoderamiento, innovación social y uso estratégico de tecnologías digitales. Cada sección integra evidencia empírica, marcos conceptuales y recomendaciones operativas, manteniendo una perspectiva crítica que reconoce tanto potencialidades como limitaciones.

La estructura del capítulo se organiza en cinco secciones principales. La primera examina el diseño e implementación de políticas públicas con enfoque resiliente, analizando experiencias latinoamericanas y mexicanas. La segunda aborda la educación para la resiliencia, incluyendo formación, talleres comunitarios y desarrollo de liderazgos locales. La tercera analiza el rol de instituciones, organizaciones no gubernamentales y gobiernos locales en la construcción de resiliencia. La cuarta profundiza en participación ciudadana y empoderamiento como dimensiones constitutivas de comunidades resilientes. La quinta explora la innovación social y el uso estratégico de tecnologías digitales y redes como amplificadores de capacidades comunitarias.

A lo largo del capítulo, mantenemos una perspectiva situada en el contexto latinoamericano y específicamente mexicano, reconociendo que las estrategias efectivas de construcción de resiliencia deben ser culturalmente pertinentes, políticamente viables y económicamente sostenibles. Como argumentaremos, la resiliencia comunitaria no se construye mediante recetas universales importadas, sino a través de procesos participativos que integran conocimientos locales con recursos institucionales, saberes tradicionales con innovación tecnológica, y autonomía comunitaria con políticas públicas facilitadoras.

1. Políticas Públicas y Programas Sociales con Enfoque Resiliente

1.1 Fundamentos conceptuales: hacia instituciones resilientes

La institucionalización de la resiliencia en políticas públicas implica un cambio paradigmático en la forma en que el Estado concibe su relación con las comunidades y los territorios. Como señala el Instituto Latinoamericano y del Caribe de Planificación Económica y Social (ILPES-CEPAL, 2021), construir instituciones públicas resilientes capaces de enfrentar crisis presentes y prepararse para futuras es urgente, pues las decisiones de política e inversión que se toman hoy condicionarán nuestro mañana.

La resiliencia institucional se refiere a un conjunto de renovadas capacidades que el Estado debe ejercitar para anticipar, prepararse, responder y aprender de eventos disruptivos. Estas capacidades incluyen mecanismos robustos de participación, capacidades prospectivas, liderazgos colaborativos y capacidades de planificación estratégica (CEPAL, 2021). Esto contrasta con modelos tradicionales de gestión pública basados en respuestas reactivas, verticales y estandarizadas que han demostrado sistemáticamente su ineficacia ante crisis complejas.

El Programa de las Naciones Unidas para el Desarrollo (PNUD, 2025) propone el concepto de "desarrollo humano resiliente" que combina la mirada transformadora del desarrollo con la precaución de la seguridad humana y el reconocimiento de las personas como agentes de su destino, incluso en medio de la adversidad. Este marco conceptual resulta particularmente relevante para América Latina, región que enfrenta vulnerabilidades e incertidumbres sin precedentes: tensiones geopolíticas, desafíos estructurales

77

pendientes y crisis entrelazadas de distinta naturaleza —ambientales, políticas, sanitarias, tecnológicas y sociales— que magnifican mutuamente su impacto.

Desde esta perspectiva, las políticas públicas con enfoque resiliente deben diseñarse considerando tres principios fundamentales:

Anticipación y preparación: Los sistemas educativos, de protección social y de cuidados deben diseñarse para funcionar también en contextos de emergencia, con mecanismos preestablecidos para expandir beneficios a quienes son impactados por crisis (PNUD, 2025). Esto implica pasar de modelos reactivos a proactivos, donde la planificación para la contingencia es integral al diseño de políticas, no un añadido posterior.

Integralidad y coordinación: La resiliencia no puede construirse mediante intervenciones sectoriales aisladas. Requiere articulación entre políticas económicas, sociales, ambientales y de seguridad, reconociendo las interdependencias sistémicas entre estos ámbitos. La experiencia del COVID-19 demostró dramáticamente los costos de la descoordinación institucional y la fragmentación de respuestas.

Participación y apropiación comunitaria: Las políticas más efectivas son aquellas codiseñadas con las comunidades destinatarias, que integran conocimientos locales y respetan capacidades de autogestión. Como documenta abundante evidencia empírica, las soluciones técnicas impuestas verticalmente tienden a fracasar o generar dependencia, mientras que las estrategias participativas construyen capacidades duraderas.

1.2 Modelos y experiencias de políticas resilientes en América Latina

América Latina ha desarrollado en las últimas dos décadas múltiples experiencias de políticas públicas con componentes resilientes, aunque no siempre explícitamente conceptualizadas como tales. El análisis de estos casos permite identificar elementos transferibles y lecciones aprendidas.

Iniciativa "Desarrollando Ciudades Resilientes 2030" (MCR2030)

Esta iniciativa impulsada por la Oficina de Naciones Unidas para la Reducción de Desastres (UNDRR) ha designado a cuatro ciudades latinoamericanas como "Nodos de Resiliencia": Montevideo (Uruguay), Pudahuel (Chile), Santa Ana (Costa Rica) y Santiago de Cali (Colombia). Estas ciudades han implementado estrategias integrales que articulan planificación territorial, preparación comunitaria, cooperación internacional y enfoque de múltiples amenazas (UNDRR, 2024).

El caso de Santiago de Cali resulta particularmente ilustrativo. La ciudad ha desarrollado el Sistema de Alertas Tempranas Inteligentes y Comunitarias, que combina tecnología de monitoreo con redes de observadores comunitarios capacitados. Este sistema híbrido supera las limitaciones de sistemas puramente tecnológicos (que carecen de legitimidad local) y sistemas puramente comunitarios (que carecen de capacidad técnica de procesamiento de datos). La integración permite tiempos de respuesta más rápidos y cobertura más amplia que sistemas verticales tradicionales.

Pudahuel, Chile, ha priorizado la inclusión de personas con discapacidad en planes de gestión de riesgos, implementando el Anexo del Scorecard para la inclusión de personas con discapacidad, desarrollado por la ONG Inclusiva y UNDRR. Esta innovación reconoce que la

79

resiliencia comunitaria genuina debe considerar las necesidades diferenciadas de poblaciones históricamente excluidas de procesos de planificación.

Modelo de Resiliencia Comunitaria para la Reconstrucción del Tejido Social (MOREC) - México

En México, la Subsecretaría de Desarrollo Democrático, Participación Social y Asuntos Religiosos implementó el MOREC, un modelo que articulaba acciones de resiliencia comunitaria con los tres órdenes de gobierno, organizaciones de la sociedad civil, organismos internacionales, sector privado, academia y medios de comunicación (SEGOB, 2022). El modelo se fundamentó en tres componentes identificados en procesos de resiliencia comunitaria: herramientas cognitivas (conocimientos culturales y capacidades sociales), que desembocan en habilidades sociales organizadas (estrategias organizativas).

El MOREC estableció tres objetivos específicos operativos:

Articular acciones de resiliencia comunitaria para prever, reducir y enfrentar el impacto de amenazas ocasionadas por violencias a corto, mediano y largo plazo.

Brindar atención integral hacia personas y sus entornos para que logren recuperarse de adversidades, impulsando, a nivel individual, confianza y dignidad humana; y, a nivel colectivo, sentido de reciprocidad, solidaridad y cohesión social.

Desarrollar condiciones en espacios sociales y físicos para que las personas fortalezcan sus capacidades de adaptación, resistencia y recuperación ante manifestaciones de violencias.

La fortaleza del MOREC radicaba en reconocer que la resiliencia ante violencias requiere abordajes diferenciados según contextos específicos. En Chihuahua, por ejemplo, donde la violencia vinculada al narcotráfico ha devastado comunidades enteras, este modelo ha permitido articular respuestas que integran recuperación psicosocial, reactivación económica y fortalecimiento de tejidos comunitarios fragmentados.

Sin embargo, el modelo enfrentaba limitaciones significativas. La coordinación entre órdenes de gobierno sigue siendo deficiente, con duplicación de esfuerzos y vacíos de atención. Los recursos asignados resultan insuficientes frente a la magnitud de las problemáticas. Además, la rotación frecuente de funcionarios públicos dificulta la continuidad de procesos que requieren acompañamiento sostenido.

Sistemas de Cuidados con Enfoque de Resiliencia

El PNUD (2025) ha impulsado la integración del enfoque de cuidados en la gestión de riesgo de desastres, reconociendo que durante crisis, la carga de cuidado no remunerado recae desproporcionadamente sobre mujeres, limitando su capacidad de recuperación y perpetuando desigualdades estructurales. En Villanueva, Honduras, se implementa un mapeo georreferenciado de oferta y demanda de servicios de cuidados vinculado con mapas de riesgo territorial.

Esta innovación reconoce que la resiliencia comunitaria genuina debe abordar las estructuras de reproducción social, no solamente la producción económica. En contextos de crisis, las comunidades con sistemas de cuidado formalizados y redistribuidos equitativamente responden más efectivamente que aquellas donde el cuidado depende exclusivamente de redes familiares informales.

1.3 Elementos críticos para el diseño de políticas públicas resilientes

El análisis comparativo de experiencias latinoamericanas permite identificar elementos críticos que deben considerarse al diseñar políticas públicas con enfoque resiliente:

Flexibilidad y adaptabilidad institucional

Las estructuras burocráticas rígidas, diseñadas para estabilidad y control, resultan disfuncionales en contextos de incertidumbre radical. Las políticas resilientes requieren marcos institucionales que permitan adaptación rápida sin sacrificar rendición de cuentas. Esto implica delegación de autoridad decisoria a niveles locales, presupuestos con capacidad de reasignación ante contingencias, y protocolos que permitan desviación de procedimientos estándar cuando las circunstancias lo justifican.

En la práctica, esto ha significado crear "válvulas de escape" institucionales: fondos de contingencia que pueden activarse sin aprobaciones lentas, autoridades locales facultadas para tomar decisiones urgentes, y protección legal para funcionarios que actúan razonablemente en contextos excepcionales.

Enfoque territorial y diferenciación contextual

La estandarización, aunque administrativamente eficiente, resulta contraproducente para construir resiliencia. Las políticas efectivas reconocen y responden a especificidades territoriales: urbano versus rural, costa versus montaña, regiones con alta cohesión social versus regiones fragmentadas. Como se ha documentado en Chihuahua, las estrategias que funcionan en la capital resultan inadecuadas para municipios serranos con poblaciones dispersas y tradiciones organizativas distintas, incluso deben de ser diferentes para las zonas rurales dentro de la mancha urbana.

Esto no implica que cada localidad requiera políticas totalmente diferentes, sino que los marcos generales deben permitir adaptaciones sustantivas a nivel local. Un ejemplo exitoso son los presupuestos participativos que establecen porcentajes de inversión pública decididos por comunidades según sus prioridades específicas, promoviendo también la participación ciudadana y la cohesión para difundir los proyectos propuestos para participar en los proyectos participativos.

Inversión en capital social e infraestructura organizativa

Las políticas resilientes no solo transfieren recursos materiales sino que fortalecen capacidades organizativas comunitarias. Esto requiere financiar procesos de participación, capacitar líderes locales, apoyar organizaciones de base, y crear espacios institucionales donde conocimientos comunitarios sean valorados e incorporados en decisiones públicas.

Desafortunadamente, los presupuestos públicos tienden a privilegiar infraestructura física sobre inversión en capital social, pues la primera genera visibilidad política inmediata mientras la segunda produce resultados en plazos más largos. Superar este sesgo requiere reconceptualizar qué constituye "inversión productiva" en políticas públicas.

Transversalización de género y enfoque de interseccionalidad

Como documenta abundantemente la literatura, las crisis amplifican desigualdades preexistentes. Las mujeres, personas con discapacidad, poblaciones indígenas, adultos mayores y otros grupos en situación de vulnerabilidad enfrentan impactos diferenciados que políticas homogéneas no capturan. Las políticas resilientes deben integrar análisis de género y de interseccionalidad desde el diseño, no como añadido posterior.

Esto implica generar datos desagregados, realizar evaluaciones de impacto diferenciado, crear mecanismos de participación que garanticen representación de grupos históricamente excluidos, y asignar recursos específicos para atender necesidades diferenciadas.

Financiamiento sostenible y mecanismos innovadores

La construcción de resiliencia requiere inversión sostenida que trascienda ciclos políticos. Los fondos de servicio universal, las contribuciones solidarias del sector privado, los bonos de resiliencia, y los seguros paramétricos representan mecanismos innovadores que pueden complementar presupuestos públicos. Sin embargo, como señala Méndez (2020), muchos de estos fondos no están cumpliendo los fines para los que fueron creados, evidenciando problemas de gobernanza.

1.4 Desafíos persistentes y agenda pendiente

A pesar de avances importantes, la institucionalización de políticas públicas resilientes en América Latina enfrenta obstáculos estructurales:

Fragmentación institucional y falta de coordinación: La división sectorial de la administración pública genera silos institucionales que dificultan respuestas integrales. Las crisis no respetan divisiones administrativas, pero las instituciones frecuentemente sí lo hacen.

Captura corporativa y clientelismo: Los programas sociales son frecuentemente utilizados para fines electorales, generando dependencia política en lugar de autonomía comunitaria. La resiliencia genuina requiere empoderamiento, no clientelismo.

Asimetrías de poder y exclusión persistente: A pesar de discursos participativos, las estructuras de poder que generan vulnerabilidad permanecen intactas. Comunidades indígenas, poblaciones afrodescendientes y sectores populares siguen siendo objeto de políticas, no sujetos de ellas.

Debilidad fiscal y restricciones presupuestarias: La construcción de resiliencia requiere inversión pública robusta y sostenida, pero las restricciones fiscales limitan severamente la capacidad estatal. En contexto de austeridad, los programas de fortalecimiento comunitario suelen ser los primeros sacrificados.

Estos desafíos no tienen soluciones técnicas simples; requieren transformaciones políticas profundas en correlaciones de poder, prioridades presupuestarias y concepciones sobre el rol del Estado. Sin embargo, reconocer estas limitaciones no implica resignación sino realismo estratégico que permite diseñar políticas viables dentro de restricciones existentes mientras se trabaja por transformar esas restricciones.

2. Educación para la Resiliencia: Formación, Talleres y Liderazgo Comunitario

2.1 Marco conceptual: educación como constructor de capacidades resilientes

La educación representa una de las vías más potentes para construir resiliencia comunitaria a largo plazo. Sin embargo, no cualquier educación genera resiliencia. La educación tradicionalmente concebida como transmisión unidireccional de contenidos estandarizados resulta insuficiente —e incluso contraproducente— para desarrollar las competencias adaptativas, el pensamiento crítico y las habilidades socioemocionales que caracterizan a personas y comunidades resilientes.

Como señalan Olmo y Segovia (2018), las realidades escolares contemporáneas reflejan sociedades atravesadas por cambios constantes, desigualdades profundas, uso intensivo de tecnologías y comportamientos disruptivos. Estos factores impactan directamente en lo que constituye una educación de calidad, que debe integrar permanentemente formación docente actualizada, gestión eficaz, procesos de enseñanza-aprendizaje innovadores, convivencia sana y cultura escolar resiliente.

La educación para la resiliencia, tal como la conceptualizamos aquí, se fundamenta en tres pilares:

Desarrollo de competencias blandas y socioemocionales: Más allá de conocimientos académicos, la resiliencia requiere inteligencia emocional, empatía, capacidad de comunicación, trabajo colaborativo y regulación emocional. Las escuelas resilientes son aquellas que priorizan estas competencias sin subordinarlas a métricas estandarizadas de rendimiento académico tradicional.

Pedagogías participativas y aprendizaje situado: El aprendizaje basado en proyectos comunitarios, donde estudiantes se involucran en resolver problemas reales de su entorno, resulta más efectivo para desarrollar resiliencia que currículos abstractos desconectados de realidades locales. Como documenta la experiencia de la escuela Rosalina Caraballo Martínez en Puerto Rico, cuando estudiantes crean huertos escolares, participan en proyectos de reforestación o documentan historias comunitarias, no solo aprenden contenidos sino que desarrollan sentido de agencia, responsabilidad colectiva y conexión con su territorio.

Formación de docentes como profesionales resilientes: Los docentes no pueden facilitar procesos de resiliencia en estudiantes si ellos mismos carecen de estas capacidades. La formación docente en resiliencia debe ser prioritaria, aunque lamentablemente los programas de actualización profesional en México y otros países latinoamericanos carecen frecuentemente de este enfoque. Los criterios de ingreso y evaluación docente privilegian aspectos cognitivos de planeación didáctica sobre inteligencia emocional y capacidades de acompañamiento socioemocional.

2.2 Experiencias educativas latinoamericanas en resiliencia

El Banco Interamericano de Desarrollo (BID) documentó recientemente 26 iniciativas educativas que promueven ciudadanía verde y fortalecen resiliencia en América Latina y el Caribe. Aunque centradas en temáticas ambientales, estas experiencias ilustran principios transferibles para educación resiliente en general.

Programa HaciendoECO (Guatemala)

Este programa educativo promueve formación ambiental, gestión responsable de residuos y acción comunitaria en escuelas, municipios y hogares, habiendo empoderado a más de 44,000 estudiantes. Su fortaleza radica en vincular aprendizaje en aula con liderazgo juvenil en contextos locales, invitando a niños, niñas y jóvenes a convertirse en agentes de cambio en sus comunidades (BID, 2025).

La metodología integra tres componentes: educación formal curricularizada, proyectos comunitarios donde estudiantes aplican conocimientos, y articulación con autoridades locales que permite escalar impactos más allá del ámbito escolar. Este modelo supera la fragmentación común entre lo que se aprende en escuelas y lo que se vive en comunidades.

Escuela Rosalina Caraballo Martínez (Puerto Rico)

Esta escuela secundaria en Guaynabo Norte representa un caso ejemplar de transformación educativa mediante enfoque resiliente. Ubicada en contexto de alta marginación, la escuela adoptó en 2019 el modelo público-alianza bajo dirección de Caras con Causa, organización comprometida con desarrollo comunitario. La escuela diseñó currículo contextualizado que aborda necesidades específicas de estudiantes, fomentando aprendizaje significativo conectado con su realidad social.

Las metodologías de aprendizaje basado en proyectos comunitarios permitieron a estudiantes crear huertos escolares, desarrollar proyectos de reforestación, y participar en actividades artísticas y culturales que fortalecieron su identidad. Como documenta la evaluación del proyecto, estas iniciativas no solo mejoraron rendimiento académico sino que transformaron la cultura escolar, generando sentido de pertenencia, esperanza y agencia entre estudiantes que previamente experimentaban exclusión y desesperanza.

La experiencia demuestra que incluso en contextos de adversidad severa, es posible crear entornos educativos transformadores cuando se adoptan principios de justicia social, resiliencia y participación comunitaria. El liderazgo pedagógico, la dirección compartida y la articulación con organizaciones sociales resultaron elementos críticos de éxito.

2.3 Formación de liderazgos comunitarios resilientes

El liderazgo comunitario constituye factor psicosocial facilitador u obstaculizador en procesos de fortalecimiento comunitario (Montero, 2003). Sin embargo, como señala Miranda (2003), existe escasa preocupación por estudiarlo sistemáticamente, tratándose frecuentemente como variable secundaria en investigaciones sobre comunidad.

Características del liderazgo comunitario resiliente

El liderazgo comunitario difiere sustancialmente del liderazgo empresarial o político tradicional. Según Montero (2003), su carácter fundamental deriva de la participación democrática: donde hay líder también hay seguidores, pero en comunidades organizadas participativamente no hay seguidores propiamente dichos sino co-constructores. El liderazgo comunitario es participativo, democrático, complejo, activo, y genera y fortalece compromiso colectivo.

La investigación sobre líderes comunitarios en El Alto, Bolivia, durante la pandemia de COVID-19 identificó características resilientes consistentes: actúan por bien colectivo, están contentos de vivir en su comunidad, reconocen capacidad de mejora sin culpar a otros, buscan alternativas para superar problemas, piensan en cómo resolver desafíos colectivamente. Los líderes resilientes manifestaron fortaleza, serenidad, solidaridad, empatía y valoración de la vida, aunque también expresaron emociones de ansiedad, preocupación y frustración —evidenciando que resiliencia no implica ausencia de sufrimiento sino capacidad de procesarlo constructivamente.

Metodologías para formación de liderazgos

La formación de líderes comunitarios debe evitar el riesgo de crear intermediadores que desarrollen clientelismo o pacificación social. Cuando la formación no se basa en principios comunitarios genuinos, puede convertirse en instrumento de cooptación. Por ello, los programas efectivos de formación de liderazgos resilientes se caracterizan por:

Partir de experiencias y conocimientos locales: Los líderes más efectivos no son aquellos "capacitados" externamente según modelos abstractos, sino aquellos que desarrollan capacidades desde sus propias experiencias, reflexionando críticamente sobre ellas. Las metodologías de educación popular, desarrolladas por Paulo Freire y actualizadas por múltiples educadores latinoamericanos, resultan particularmente apropiadas.

Enfatizar liderazgos distribuidos y colectivos: En lugar de concentrar capacidades en pocas figuras carismáticas, los programas deben multiplicar liderazgos diversos —por género, edad, sectores— que se complementen y equilibren mutuamente. Las comunidades más resilientes son aquellas con múltiples líderes, no con un líder único.

Integrar formación técnica con reflexión ética y política: El liderazgo comunitario requiere tanto competencias técnicas (gestión de proyectos, movilización de recursos, negociación institucional) como claridad ética y análisis político sobre intereses en juego. Separar estas dimensiones genera líderes manipulables o técnicamente incompetentes.

Crear redes horizontales de líderes: Los líderes aislados se desgastan rápidamente. Las redes que conectan líderes de diferentes comunidades permiten intercambio de experiencias, apoyo mutuo y construcción de estrategias colectivas de mayor alcance.

En Chihuahua, el Centro de Derechos Humanos de las Mujeres ha desarrollado durante dos décadas un programa ejemplar de formación de lideresas comunitarias en colonias populares. El programa integra talleres sobre derechos humanos, economía solidaria, resolución de conflictos y autocuidado, con acompañamiento personalizado y creación de redes regionales. Las lideresas formadas han impulsado iniciativas que van desde cocinas comunitarias hasta

90

defensoras de derechos en casos de feminicidio, demostrando que formación integral genera liderazgos sostenibles.

2.4 Talleres comunitarios para fortalecimiento de resiliencia

Los talleres comunitarios representan espacios privilegiados para construir capacidades resilientes, siempre que superen el formato extractivo común donde expertos externos transmiten conocimientos a participantes pasivos. Los talleres resilientes son espacios de construcción colectiva de conocimiento donde se integran saberes diversos.

Principios metodológicos para talleres resilientes

Los talleres efectivos para construcción de resiliencia se caracterizan por:

Partir del diagnóstico participativo: Antes de diseñar contenidos, es fundamental realizar diagnóstico colectivo donde participantes identifiquen sus propias vulnerabilidades, capacidades, recursos y aspiraciones. Las metodologías de diagnóstico rural participativo (DRP) y cartografía social resultan herramientas valiosas.

Integrar reflexión con acción: Los talleres no deben limitarse a espacios de discusión sino incluir proyectos concretos donde aprendizajes se aplican inmediatamente. El modelo de investigación-acción participativa permite que reflexión y acción se retroalimenten continuamente.

Crear espacios seguros para procesamiento emocional: La resiliencia requiere procesar traumas colectivos, no solamente desarrollar capacidades técnicas. Los talleres deben incluir metodologías de contención emocional, expresión creativa y construcción de memoria colectiva.

Fortalecer redes y capital social: Más allá de contenidos específicos, los talleres deben generar vínculos entre participantes, construyendo confianza y redes de apoyo mutuo que perduran después del taller.

Incorporar perspectivas de género, generación e interculturalidad: Los talleres homogéneos reproducen exclusiones. La diversidad de participantes enriquece procesos y garantiza que múltiples perspectivas sean consideradas.

Temáticas prioritarias para talleres de resiliencia comunitaria

Basado en experiencias documentadas, las temáticas más pertinentes incluyen:

Gestión comunitaria de riesgos: sistemas de alerta temprana, protocolos de evacuación, primeros auxilios psicológicos

Economía solidaria y autogestión: cooperativas, cajas de ahorro, redes de intercambio, emprendimientos colectivos

Resolución de conflictos y mediación comunitaria: técnicas de diálogo, justicia restaurativa, construcción de paz territorial

Comunicación comunitaria: radios comunitarias, uso de redes sociales, narrativas colectivas

Derechos humanos y acceso a justicia: conocimiento de derechos, mecanismos de exigibilidad, acompañamiento en casos

Salud comunitaria: medicina tradicional, prevención, promotores de salud

Cuidado colectivo y redes de apoyo: grupos de crianza, cuidado de personas mayores, prevención de violencias

3. Rol de Instituciones, ONGs y Gobiernos Locales en la Construcción de Resiliencia

3.1 Arquitectura institucional para la resiliencia: actores y responsabilidades

La construcción de resiliencia comunitaria requiere ecosistemas institucionales donde múltiples actores con diferentes mandatos, recursos y legitimidades colaboren efectivamente. La pregunta no es quién debe liderar procesos de resiliencia —Estado, organizaciones sociales o comunidades— sino cómo articular complementariamente capacidades diferenciadas.

El Estado y gobiernos locales: rol facilitador subsidiario

El Estado tiene responsabilidad insustituible de garantizar derechos fundamentales —salud, educación, seguridad, justicia— que constituyen condiciones habilitantes de resiliencia. Sin embargo, el Estado no puede construir resiliencia por decreto; esta emerge de procesos comunitarios que el Estado puede facilitar, apoyar, reconocer y potenciar, pero no sustituir.

Los gobiernos locales —municipales y estatales— están posicionados privilegiadamente para construir resiliencia por su proximidad con comunidades, conocimiento contextual del territorio y capacidad de articular respuestas rápidas. En México, los municipios constituyen el primer nivel de gobierno, con autonomía constitucional para la gestión de servicios públicos básicos. Esta cercanía territorial representa ventaja fundamental, aunque frecuentemente está acompañada de debilidades institucionales severas: recursos limitados, capacidades técnicas insuficientes, dependencia de transferencias federales y, en muchos casos, captura por grupos de poder local.

En Chihuahua, por ejemplo, la diversidad de capacidades municipales es dramática. Mientras la capital cuenta con infraestructura institucional relativamente desarrollada, municipios serranos como Batopilas, Morelos o Uruachi tienen presupuestos ínfimos, personal reducido y presencia estatal muy limitada. En estos contextos, la construcción de resiliencia depende críticamente de capacidades comunitarias autogestivas, no de intervenciones gubernamentales que simplemente no existen con la intensidad necesaria.

El rol apropiado del gobierno local en construcción de resiliencia incluye:

Facilitación de procesos participativos: Crear espacios institucionales donde comunidades puedan deliberar, decidir y actuar sobre su propio desarrollo. Esto incluye presupuestos participativos, consejos consultivos con poder decisorio real, y audiencias públicas vinculantes.

Reconocimiento y fortalecimiento de organizaciones comunitarias: Muchas comunidades tienen organizaciones de base que operan informalmente o con escaso reconocimiento oficial. Los gobiernos pueden formalizar estas estructuras sin burocratizarlas, proporcionando personalidad jurídica, acceso a recursos públicos y canales de interlocución con autoridades.

Redistribución equitativa de recursos: Los presupuestos municipales frecuentemente privilegian zonas céntricas y políticamente conectadas, marginando periferias y comunidades rurales. La construcción de resiliencia requiere criterios redistributivos que dirijan inversión pública hacia territorios históricamente excluidos.

Construcción de infraestructura habilitante: Ciertos tipos de infraestructura —agua potable, electricidad, caminos, conectividad digital— constituyen condiciones necesarias (aunque no suficientes) para resiliencia. El Estado debe garantizar estas infraestructuras básicas.

Coordinación intersectorial e intergubernamental: Los gobiernos locales deben articular esfuerzos entre diferentes áreas (salud, educación, desarrollo económico, medio ambiente) y entre diferentes niveles de gobierno (municipal, estatal, federal), superando la fragmentación sectorial que caracteriza la administración pública mexicana.

3.2 Organizaciones No Gubernamentales: roles, potencialidades y limitaciones

Las Organizaciones No Gubernamentales (ONGs) han jugado históricamente un papel crucial en desarrollo comunitario y construcción de resiliencia en América Latina. Desde los años setenta, cuando emergieron como espacios de organización social ante Estados autoritarios, hasta la actualidad, las ONGs han actuado como intermediarias entre comunidades, financiadores internacionales y gobiernos.

Contribuciones distintivas de las ONGs

Las ONGs aportan capacidades específicas al ecosistema de construcción de resiliencia:

Flexibilidad operativa: A diferencia de instituciones gubernamentales rígidas, las ONGs pueden adaptar rápidamente metodologías, priorizar necesidades emergentes y experimentar con enfoques innovadores sin las restricciones burocráticas que caracterizan al sector público.

Especialización temática: Muchas ONGs desarrollan expertise profundo en áreas específicas (derechos humanos, medio ambiente, género, salud comunitaria) que complementa capacidades gubernamentales generalistas.

Esta especialización permite intervenciones de mayor calidad técnica.

Legitimidad comunitaria: Las ONGs que trabajan genuinamente con comunidades —no meramente para ellas— frecuentemente gozan de mayor confianza que instituciones gubernamentales, especialmente en contextos donde el Estado ha sido históricamente represivo, ausente o corrupto.

Capacidad de movilizar recursos externos: Las ONGs acceden a financiamiento internacional (agencias de cooperación, fundaciones privadas, organismos multilaterales) que difícilmente fluye directamente hacia comunidades o gobiernos locales débiles.

Innovación metodológica: Libres de protocolos estandarizados, las ONGs han sido laboratorios de innovación social, desarrollando metodologías participativas, enfoques de género, pedagogías populares y modelos de desarrollo alternativos que posteriormente han sido adoptados (con mayor o menor fidelidad) por instituciones públicas.

Problemáticas y limitaciones estructurales

Sin embargo, el sector de ONGs enfrenta problemáticas serias que limitan su contribución a resiliencia genuina:

Dependencia de financiamiento externo: La reducción de cooperación internacional destinada a América Latina ha generado crisis de sostenibilidad para múltiples ONGs. Esta dependencia de recursos externos puede subordinar agendas comunitarias a prioridades de financiadores, generando lo que algunos críticos llaman "ONGización" de movimientos sociales —la domesticación de procesos de transformación social mediante su canalización hacia proyectos técnicos financiados externamente.

Profesionalización versus vinculación comunitaria: Existe tensión entre profesionalización necesaria para gestionar recursos y rendir cuentas, versus mantenimiento de vínculos genuinos con bases comunitarias. ONGs altamente profesionalizadas pueden convertirse en consultoras técnicas desconectadas de procesos populares que originalmente las crearon.

Captura por élites locales: En algunos contextos, las ONGs son fundadas y controladas por élites locales que canalizan recursos hacia sus propios intereses o reproducen relaciones clientelares, utilizando discursos participativos como fachada.

Fragmentación y competencia: La multiplicación de ONGs trabajando en mismos territorios con escasa coordinación genera duplicación de esfuerzos, competencia por recursos y confusión en comunidades que deben interactuar con múltiples organizaciones con metodologías diferentes.

Temporalidad de proyectos versus sostenibilidad de procesos: El financiamiento por proyectos de corto plazo (típicamente 1-3 años) entra en contradicción con la naturaleza de largo plazo de construcción de resiliencia. Las ONGs frecuentemente "aterrizan" en comunidades, implementan proyectos intensivos, y se retiran cuando termina el financiamiento, dejando procesos incompletos.

Hacia relaciones más equilibradas

Para que las ONGs contribuyan efectivamente a resiliencia comunitaria, resulta necesario:

Priorizar acompañamiento de largo plazo sobre implementación de proyectos de corto plazo

Fortalecer capacidades locales en lugar de sustituirlas con expertise externo

Articularse con organizaciones comunitarias de base sin subordinarlas

Diversificar fuentes de financiamiento para reducir dependencia de donantes únicos

Rendir cuentas primariamente a comunidades acompañadas, no solo a financiadores

Crear redes de coordinación entre ONGs que trabajan en mismos territorios

3.3 Articulación intersectorial: hacia ecosistemas de resiliencia

La construcción de resiliencia comunitaria requiere articulación efectiva entre múltiples actores —Estado, ONGs, academia, sector privado, organizaciones comunitarias— cada uno aportando capacidades complementarias. Sin embargo, esta articulación es excepcionalmente difícil en la práctica debido a diferencias en culturas institucionales, lógicas operativas, horizontes temporales y concepciones sobre participación y poder.

Los ecosistemas de resiliencia más efectivos se caracterizan por:

Reconocimiento de complementariedad sin jerarquías automáticas: Ningún actor tiene monopolio de conocimiento o capacidad. El Estado aporta recursos públicos y mandato constitucional; las ONGs aportan metodologías especializadas y flexibilidad; la academia aporta investigación y análisis crítico; las comunidades aportan conocimiento territorial y legitimidad; el sector privado puede aportar recursos, tecnología y capacidades organizativas.

Espacios institucionalizados de diálogo y coordinación: La articulación no surge espontáneamente; requiere espacios formales donde actores diversos puedan deliberar, planificar conjuntamente y resolver conflictos. Consejos territoriales, mesas de concertación, redes temáticas constituyen ejemplos de estos espacios.

Transparencia en roles, recursos y responsabilidades: La confusión sobre quién hace qué genera conflictos y desperdicio de recursos. La claridad sobre mandatos, compromisos y rendición de cuentas resulta fundamental.

Mecanismos de resolución de conflictos: Los desacuerdos son inevitables; la cuestión es si existen procedimientos legítimos para procesarlos constructivamente.

4. Participación Ciudadana y Empoderamiento: Fundamentos de Comunidades Resilientes

4.1 Conceptualización: de la consulta al poder de decisión.

La participación ciudadana constituye uno de los conceptos más invocados y menos comprendidos en discursos sobre democracia y desarrollo. Con frecuencia se confunde participación genuina —que implica redistribución de poder decisorio— con consultas simbólicas donde las decisiones sustantivas ya han sido tomadas y se busca meramente legitimación o información.

Arnstein (1969) propuso una "escalera de participación" que distingue ocho niveles, desde manipulación y terapia (no-participación), pasando por información, consulta y apaciguamiento (tokenismo), hasta asociación, poder delegado y control ciudadano (poder ciudadano real). Esta tipología, aunque desarrollada hace décadas, sigue siendo relevante para diagnosticar qué tipo de participación realmente están promoviendo políticas públicas y programas.

La participación que construye resiliencia es aquella que redistribuye poder, no meramente la que extrae información o legitima decisiones preexistentes. Como señala el análisis de presupuesto participativo en Ciudad de México, cuando la participación es meramente consultiva y la autoridad induce proyectos, no se genera tejido social, identidad ni apropiación comunitaria del mecanismo. En contraste, los pocos casos donde residentes elaboraron, discutieron y asumieron proyectos por sí mismos generaron empoderamiento genuino.

Condiciones estructurales para participación efectiva

La participación genuina requiere condiciones que frecuentemente están ausentes:

Información accesible, oportuna y comprensible: No se puede participar significativamente en decisiones sin información suficiente. La información técnica compleja debe ser traducida a lenguajes accesibles sin simplificación condescendiente.

Tiempo y recursos para participar: La participación demanda tiempo que personas en situación de precariedad frecuentemente no tienen. Las reuniones programadas en horarios laborales excluyen a trabajadores informales; las convocatorias con plazos breves excluyen a comunidades que requieren procesos deliberativos más lentos.

Capacidades de incidencia: La participación efectiva requiere habilidades de análisis, argumentación, negociación y movilización. Los procesos participativos genuinos incluyen componentes de capacitación y fortalecimiento de estas habilidades.

Garantías de que la participación incidirá en decisiones: Cuando la experiencia demuestra que participar es fútil porque las decisiones están predeterminadas, las personas racionalmente deciden no invertir tiempo y energía en procesos irrelevantes. La participación sostenida requiere demostración empírica de que vale la pena.

4.2 Empoderamiento comunitario: más allá del discurso

El empoderamiento es otro concepto frecuentemente vaciado de contenido sustantivo. Originalmente desarrollado por movimientos feministas y de educación popular en América Latina, el término se refiere a procesos mediante los cuales personas y grupos tradicionalmente subordinados adquieren poder —entendido como capacidad de controlar sus propias vidas y transformar estructuras que los oprimen.

El empoderamiento genuino tiene múltiples dimensiones:

Psicológica/individual: Desarrollo de autoestima, sentido de agencia, confianza en capacidades propias. Personas empoderadas se perciben como sujetos con derechos, no como objetos de caridad.

Organizativa/colectiva: Construcción de estructuras organizativas controladas por los propios grupos. Esto incluye organizaciones formales (cooperativas, asociaciones civiles) e informales (redes de apoyo mutuo, asambleas).

Política: Capacidad de incidir en decisiones públicas, interpelar autoridades, exigir derechos, participar en espacios de poder formal.

Económica: Control sobre recursos materiales, acceso a ingresos dignos, propiedad de medios de producción. El empoderamiento sin redistribución económica es retórica vacía.

Epistémica: Valoración de conocimientos propios, capacidad de nombrar la realidad desde perspectivas propias, no solo desde marcos hegemónicos impuestos.

México Unido Contra la Delincuencia documenta casos de empoderamiento comunitario exitoso. Entre 2014-2015, mediante transferencia metodológica, se logró rescate de 11 espacios públicos y empoderamiento de más de 11,000 personas en zona oriente del Estado de México. Estos procesos combinaron recuperación de infraestructura física con fortalecimiento organizativo y desarrollo de cultura de legalidad.

4.3 Mecanismos de participación: experiencia mexicana

México ha desarrollado marco legal extenso para participación ciudadana, aunque con implementación desigual. Todas las entidades federativas cuentan con leyes de participación ciudadana que contemplan mecanismos de democracia directa (plebiscito, referéndum, iniciativa popular), aunque con requisitos frecuentemente tan elevados que los hacen prácticamente inoperantes.

Presupuesto participativo

El presupuesto participativo, inspirado en experiencia de Porto Alegre, Brasil, se ha implementado en múltiples ciudades mexicanas con resultados mixtos. En teoría, permite a ciudadanos decidir sobre porcentaje del presupuesto público. En práctica, frecuentemente opera con limitaciones severas:

Los porcentajes asignados son ínfimos (típicamente 2-5% del presupuesto total)

Las opciones de inversión están preestablecidas por autoridades

Los procesos tienen escasa difusión, resultando en participación mínima

Los proyectos votados frecuentemente no se ejecutan o se modifican sustancialmente

La rendición de cuentas sobre uso de recursos es deficiente

Sin embargo, existen casos donde presupuesto participativo ha funcionado relativamente bien, generando empoderamiento ciudadano. Estos casos se caracterizan por voluntad política genuina, recursos suficientes, reglas claras y transparentes, difusión amplia, y seguimiento ciudadano institucionalizado.

Contralorías sociales

En Chihuahua, las contralorías sociales implementadas por la Sindicatura municipal representan innovación importante. Consisten en capacitar "guardianes ciudadanos" para revisar de manera organizada y sistemática el cumplimiento de contratos de servicios públicos y obra pública. Este mecanismo de vigilancia ciudadana ayuda a combatir corrupción y mejorar servicios, empoderando a ciudadanos como veedores de recursos públicos.

Consejos consultivos y de participación

Múltiples leyes crean consejos ciudadanos en áreas como educación, salud, seguridad, desarrollo social. Sin embargo, estos consejos frecuentemente operan con debilidades estructurales:

Designación por autoridades en lugar de elección por representados

Carácter meramente consultivo sin poder decisorio

Falta de recursos para operar efectivamente

Representación sesgada hacia sectores organizados tradicionales

Captura por grupos de interés o partidos políticos

Los consejos que funcionan mejor son aquellos con representación genuina de base, recursos asignados, mandato decisorio claro, y rendición de cuentas bidireccional (tanto hacia autoridades como hacia representados).

4.4 Obstáculos estructurales a la participación en México

A pesar de marcos legales extensos, la participación ciudadana efectiva enfrenta obstáculos estructurales profundos:

Desconfianza institucional: Décadas de corrupción, impunidad y promesas incumplidas han generado escepticismo profundo hacia instituciones públicas. Esta desconfianza es racional, basada en experiencia acumulada, no mero prejuicio.

Violencia y riesgo: En contextos de violencia, como múltiples regiones de Chihuahua, la participación pública visible puede ser peligrosa. Líderes comunitarios son frecuentemente amenazados o asesinados. La resiliencia requiere paz territorial, no solo capacidades organizativas.

Precariedad económica: Cuando familias están en situación de supervivencia cotidiana, dedicar tiempo a participación en asuntos colectivos resulta materialmente difícil. La participación sostenida requiere condiciones mínimas de seguridad económica.

Cultura política autoritaria: Décadas de autoritarismo priista dejaron legados culturales de verticalismo, clientelismo y subordinación que no se transforman automáticamente con transición electoral a democracia formal.

Captura partidista de procesos participativos: Los espacios de participación son frecuentemente instrumentalizados por partidos políticos para construcción de clientelas, no para empoderamiento genuino.

Diseño institucional deficiente: Muchos mecanismos participativos están mal diseñados: requisitos excesivos, plazos irrealistas, información inaccesible, ausencia de recursos, falta de vinculación con decisiones reales.

Superar estos obstáculos requiere transformaciones profundas que trascienden reformas legales: redistribución de poder, reducción de desigualdades, construcción de confianza mediante cumplimiento sistemático de compromisos, garantías de seguridad para participantes, y diseño institucional que genuinamente valore y facilite participación.

5. Innovación Social, Tecnología y Redes Digitales en la Construcción de Resiliencia

5.1 Innovación social: conceptualización y dimensiones

La innovación social se refiere al desarrollo e implementación de soluciones novedosas a problemas sociales, económicos o ambientales, con características distintivas respecto a innovación tecnológica o empresarial tradicional. Mientras estas últimas se centran en competitividad de mercado y crecimiento económico, la innovación social coloca a personas y bienestar colectivo en el centro, priorizando impacto social sobre rentabilidad financiera.

Como señalan múltiples autores, la innovación social frecuentemente surge en condiciones adversas, ante poca o nula intervención efectiva del Estado o mercado. Comunidades enfrentando problemas complejos desarrollan creativamente soluciones con recursos limitados, demostrando que restricciones pueden estimular ingenio.

Las características distintivas de innovación social incluyen:

Participación y co-creación: Las soluciones son diseñadas conjuntamente con beneficiarios, no para ellos. El conocimiento local se integra con expertise técnico en procesos colaborativos.

Apertura y colaboración: La innovación social privilegia cooperación entre actores diversos (organizaciones, comunidades, instituciones, empresas) sobre competencia. El conocimiento generado frecuentemente se comparte abiertamente en lugar de protegerse mediante patentes.

Frugalidad e ingenio: Las soluciones se diseñan para funcionar en contextos de recursos limitados, maximizando impacto con medios modestos. Esto las hace potencialmente escalables en contextos similares.

Sostenibilidad de largo plazo: La innovación social busca transformaciones estructurales sostenibles, no solamente paliativos temporales.

Replicabilidad adaptativa: Las soluciones exitosas pueden adaptarse e implementarse en otros contextos, aunque requieren ajustes contextuales específicos.

5.2 Ejemplos paradigmáticos de innovación social para resiliencia

La experiencia latinoamericana ofrece múltiples ejemplos de innovación social que han fortalecido resiliencia comunitaria:

Microfinanzas y economía solidaria

El Grameen Bank de Muhammad Yunus demostró que personas en situación de pobreza son sujetos de crédito viables cuando sistemas financieros se diseñan apropiadamente. Este modelo, replicado ampliamente en América Latina mediante cajas de ahorro comunitarias, cooperativas de crédito y bancos comunales, ha generado autonomía económica para millones de personas, especialmente mujeres.

En México, organizaciones como Fomento Social Banamex y Financiera Compartamos han escalado microfinanzas, aunque con debates sobre tasas de interés y sostenibilidad del modelo. Las cooperativas de ahorro y préstamo, reguladas por la CNBV, representan alternativas de economía social que combinan servicios financieros con educación económica y fortalecimiento organizativo.

Monedas locales y economías complementarias

Experiencias como la Libra de Totnes en Reino Unido han inspirado iniciativas similares en América Latina. Estas monedas complementarias buscan fortalecer economías locales, reducir dependencia de sistemas económicos globalizados y construir resiliencia económica territorial. En México, experiencias como el Túmin en Veracruz han demostrado viabilidad de sistemas monetarios alternativos gestionados comunitariamente.

Innovación social en comunidades rurales colombianas

El estudio de Colectivo de Comunicaciones +aCtitud y Risas del Sol Tours en María la Baja, Colombia, documenta cómo comunidades rurales aprovecharon infraestructura tecnológica de Laboratorios Vivos para fortalecer tejido social, preservar patrimonio cultural y desarrollar capacidades. Estas iniciativas tomaron como base patrimonio cultural propio, integrándolo con tecnología para enfrentar problemáticas territoriales específicas.

Los resultados incluyeron reconstrucción de tejido social comunitario, empoderamiento colectivo, apropiación social del conocimiento y co-creación de soluciones innovadoras. Este caso ilustra cómo innovación social efectiva integra tradición y tecnología, conocimiento local y herramientas contemporáneas.

5.3 Tecnologías digitales como amplificadores de resiliencia

La tecnología digital representa herramienta poderosa para amplificar capacidades de resiliencia comunitaria, aunque no las crea automáticamente. Como documentamos en el análisis del terremoto de México 2017, las redes sociales fueron efectivas porque se insertaron en estructuras sociales preexistentes, no porque las crearan desde cero.

Sistemas de alerta temprana inteligentes y comunitarios

Santiago de Cali, Colombia, desarrolló Sistema de Alertas Tempranas Inteligentes y Comunitarias que combina tecnología de monitoreo con redes de observadores comunitarios capacitados. Este modelo híbrido supera limitaciones de sistemas puramente tecnológicos (que carecen de legitimidad y conocimiento local) y sistemas puramente comunitarios (que carecen de capacidad de procesamiento de datos a gran escala).

En Paraguay, la Cruz Roja ha implementado estrategia similar basada en identificar canales de comunicación que comunidades realmente usan. En barrio Divino Niño, por ejemplo, la radio comunitaria funciona como medio oficial para alertas, mientras grupos de WhatsApp permiten coordinación inmediata entre vecinos durante emergencias.

Plataformas digitales para organización comunitaria

Durante el COVID-19, múltiples comunidades latinoamericanas utilizaron WhatsApp, Telegram y redes sociales para coordinar ollas comunes, compras colectivas, apoyo a personas mayores y distribución de información sanitaria. Estas herramientas permitieron mantener organización comunitaria respetando distanciamiento físico.

Sin embargo, la digitalización también reveló exclusiones: adultos mayores con menor alfabetización digital, hogares sin acceso a internet, personas con discapacidades que dificultan uso de tecnologías fueron frecuentemente marginados. La resiliencia digital genuina requiere esfuerzos deliberados de inclusión.

Cartografía participativa y tecnología geoespacial

Comunidades indígenas en Amazonía han utilizado GPS, drones y Sistemas de Información Geográfica para crear mapas detallados de territorios ancestrales, documentar sitios sagrados, zonas de biodiversidad crítica y evidencias de impacto ambiental de actividades extractivas. Estos mapas se han convertido en instrumentos legales cruciales en litigios contra empresas y Estados.

En México, iniciativas como MappingforRights apoyan comunidades indígenas y campesinas en procesos de cartografía participativa para defensa territorial. Esta apropiación comunitaria de tecnologías geoespaciales representa ejemplo de innovación social que combina conocimiento territorial tradicional con herramientas técnicas contemporáneas.

Educación digital y competencias del siglo XXI

Proyectos como Khan Academy, Coursera y plataformas de educación abierta han democratizado parcialmente acceso a conocimiento. En contextos latinoamericanos, iniciativas como Laboratoria (que capacita mujeres de bajos recursos en programación y diseño) demuestran potencial de educación tecnológica para movilidad social.

Sin embargo, la brecha digital sigue siendo profunda. En México, según INEGI, solo 56% de hogares tiene acceso a internet, con diferencias dramáticas entre contextos urbanos y rurales. En Chihuahua, municipios serranos tienen conectividad extremadamente limitada, lo que excluye a estas poblaciones de oportunidades digitales.

5.4 Limitaciones y riesgos de tecnologización de la resiliencia

A pesar de potencialidades, la tecnología enfrenta limitaciones estructurales y genera riesgos específicos:

Solucionismo tecnológico: Existe tendencia a presentar tecnología como solución mágica a problemas sociales complejos que tienen raíces estructurales. La tecnología puede amplificar capacidades, pero no sustituye transformaciones políticas, redistribución económica o construcción de capital social.

Exclusión digital y reproducción de desigualdades: Sin acceso universal a infraestructura digital, capacitación y dispositivos, las tecnologías reproducen y amplifican desigualdades existentes. Los sectores con mayores recursos aprovechan oportunidades digitales, mientras poblaciones marginadas quedan aún más rezagadas.

Vigilancia y control: Las tecnologías digitales generan datos que pueden ser utilizados para vigilancia estatal o corporativa. Comunidades organizadas que utilizan plataformas digitales pueden ser monitoreadas por autoridades. La privacidad y seguridad digital constituyen preocupaciones legítimas.

Dependencia de infraestructuras externas: Las plataformas digitales corporativas (Facebook, WhatsApp, Google) pueden censurar contenidos, cambiar algoritmos o cerrar cuentas arbitrariamente. La dependencia de estas infraestructuras genera vulnerabilidad.

Desplazamiento de interacción presencial: Aunque la tecnología permite coordinación a distancia, la construcción de confianza, procesamiento de conflictos y generación de sentido de comunidad frecuentemente requieren interacción presencial. El uso excesivo de tecnología puede erosionar vínculos sociales profundos.

5.5 Principios para uso estratégico de tecnología en construcción de resiliencia

Para que tecnología contribuya genuinamente a resiliencia, debe:

Complementar, no sustituir, organización presencial: La tecnología debe insertarse en estructuras sociales existentes, amplificando sus capacidades sin desplazarlas.

Priorizar tecnologías de código abierto y soberanía digital: Plataformas como Decidim (código abierto para participación ciudadana) permiten mayor control comunitario que plataformas corporativas cerradas.

Garantizar accesibilidad universal: Esto requiere inversión pública en infraestructura (conectividad, electricidad), dispositivos subsidiados para población de bajos ingresos, y programas de alfabetización digital inclusivos.

Proteger privacidad y seguridad: Las comunidades deben recibir capacitación sobre seguridad digital, especialmente aquellas en contextos de riesgo (defensores de derechos humanos, líderes comunitarios en zonas de conflicto).

Mantener control comunitario sobre datos generados: Los datos sobre comunidades deben ser controlados por ellas, no extraídos por corporaciones o Estados sin consentimiento informado.

Diseñar interfaces culturalmente pertinentes: La tecnología debe adaptarse a idiomas, cosmovivencias y prácticas culturales específicas, no imponer modelos universalizantes.

Integrar conocimiento técnico con sabiduría local: El diseño de soluciones tecnológicas debe ser participativo, integrando expertise técnico con conocimiento comunitario sobre necesidades, prioridades y contextos.

Conclusiones: Hacia Estrategias Integrales de Construcción de Resiliencia

Este capítulo ha explorado múltiples dimensiones de construcción y fortalecimiento de resiliencia comunitaria: políticas públicas, educación, participación, innovación social y tecnología. El análisis permite formular conclusiones transversales y recomendaciones operativas.

Hallazgos principales

Primero, la resiliencia comunitaria no se construye mediante intervenciones fragmentadas sino a través de estrategias integrales que articulan múltiples dimensiones simultáneamente. Las políticas públicas más efectivas son aquellas que combinan inversión material con fortalecimiento organizativo, reconocimiento simbólico y redistribución de poder decisorio.

Segundo, no existe receta universal de construcción de resiliencia. Lo que funciona en un contexto puede fracasar en otro. La contextualización radical —adaptación profunda a especificidades territoriales, culturales e históricas— constituye principio fundamental, aunque tensiona con necesidades administrativas de estandarización y eficiencia.

Tercero, la participación genuina y el empoderamiento comunitario son condiciones constitutivas de resiliencia, no añadidos opcionales. Las comunidades que participan significativamente en diseño e implementación de soluciones desarrollan apropiación, capacidades y sostenibilidad que intervenciones verticales jamás generan. Sin embargo, la participación genuina requiere redistribución real de poder, recursos y capacidad decisoria, no simulacros consultivos.

Cuarto, el fortalecimiento de liderazgos comunitarios distribuidos, legítimos y diversos constituye inversión estratégica fundamental. Los líderes comunitarios actúan como catalizadores de procesos resilientes, articulando recursos, movilizando acción colectiva y representando intereses comunitarios ante instituciones. Sin embargo, el liderazgo resiliente es colectivo y distribuido, no concentrado en figuras carismáticas individuales que generan dependencia.

Quinto, la educación para la resiliencia debe trascender modelos tradicionales de transmisión de contenidos para adoptar pedagogías participativas, aprendizaje situado y desarrollo de competencias socioemocionales. Las escuelas pueden convertirse en espacios de construcción de resiliencia comunitaria cuando se vinculan genuinamente con sus territorios y abordan problemas locales reales.

Sexto, la tecnología digital representa herramienta poderosa para amplificar capacidades de resiliencia, pero no las crea automáticamente. La tecnología es efectiva cuando se inserta en estructuras sociales preexistentes, no cuando pretende sustituirlas. Además, la exclusión digital reproduce desigualdades, por lo que estrategias tecnológicas deben incluir componentes explícitos de acceso universal y alfabetización inclusiva.

Séptimo, la innovación social —desarrollo de soluciones creativas, participativas y sostenibles a problemas complejos— representa modalidad crucial de construcción de resiliencia. Las comunidades latinoamericanas han demostrado extraordinaria capacidad de innovar con recursos limitados, desarrollando economías solidarias, sistemas de cuidado mutuo, tecnologías apropiadas y gobernanza comunitaria que ofrecen alternativas a modelos hegemónicos.

Octavo, la articulación efectiva entre Estado, organizaciones sociales, academia, sector privado y comunidades resulta fundamental pero excepcionalmente difícil. Esta articulación requiere espacios institucionalizados de diálogo, transparencia en roles y recursos, reconocimiento de complementariedad sin jerarquías automáticas, y mecanismos de resolución de conflictos.

Tensiones persistentes

El análisis también revela tensiones estructurales sin resoluciones simples:

Autonomía versus articulación institucional: Las comunidades más autónomas frecuentemente logran respuestas más efectivas y culturalmente pertinentes, pero enfrentan mayores dificultades para acceder a recursos institucionales. La articulación estrecha con instituciones puede generar dependencia o cooptación. Diferentes comunidades en diferentes momentos navegan este balance de formas específicas; no existe punto de equilibrio universal.

Participación versus eficiencia: Los procesos participativos genuinos requieren tiempo, recursos y ritmos que frecuentemente entran en tensión con urgencias de crisis o presiones de eficiencia administrativa. Esta tensión es real, no meramente técnica, y refleja concepciones diferentes sobre qué constituye "efectividad" en políticas públicas.

Universalidad versus contextualización: Las políticas públicas requieren cierta estandarización para garantizar equidad y viabilidad administrativa, pero la contextualización radical es necesaria para efectividad. Esta tensión entre principios universales y adaptación contextual caracteriza toda política pública democrática.

Resiliencia como capacidad versus resiliencia como ideología: Existe riesgo real de que el discurso de resiliencia se instrumentalice para justificar retracción estatal y transferencia de responsabilidades públicas a comunidades sin recursos. Celebrar capacidades comunitarias no debe eximir al Estado de responsabilidades constitucionales.

Reflexión final: resiliencia con justicia

La construcción de resiliencia comunitaria constituye necesidad urgente en contextos latinoamericanos caracterizados por vulnerabilidades múltiples, crisis recurrentes y cambio climático acelerado. Sin capacidades resilientes robustas, las comunidades quedan expuestas a ciclos de empobrecimiento y exclusión.

Sin embargo, debemos resistir la tentación de fetichizar la resiliencia o romantizar la adversidad. El objetivo último no es crear comunidades heroicamente capaces de soportar condiciones injustas de manera indefinida, sino construir sociedades donde las crisis sean menos frecuentes, menos intensas y sus impactos más equitativamente distribuidos. La resiliencia debe entenderse como capacidad valiosa a cultivar, pero también como síntoma de que algo fundamental anda mal en nuestra organización social.

Las comunidades no deberían tener que ser extraordinariamente resilientes para sobrevivir. El derecho a vivir en condiciones de justicia, paz y sostenibilidad —donde la resiliencia sea capacidad libremente cultivada para el florecimiento, no necesidad desesperada para la supervivencia— es igualmente fundamental.

Desde Chihuahua, donde nuestras comunidades enfrentan sequías, violencia, migración forzada y precariedad, vemos cotidianamente tanto la capacidad humana de resistir colectivamente como los límites de esa resistencia. Vemos mujeres que sostienen familias en condiciones imposibles, campesinos que innovan técnicas de cultivo ante cambio climático, migrantes que construyen redes de apoyo transnacionales, jóvenes que crean alternativas culturales en territorios devastados por violencia. Estas capacidades resilientes son admirables y merecen reconocimiento y apoyo.

Pero también vemos comunidades que se fragmentan, personas que migran porque quedarse es insostenible, líderes que son asesinados, proyectos que fracasan por falta de recursos, organizaciones que se desmantelan por agotamiento. Estos "fracasos" de resiliencia no son culpa de comunidades que "no fueron suficientemente resilientes" sino consecuencia de estructuras de injusticia que ninguna capacidad comunitaria puede compensar indefinidamente.

Por ello, la construcción de resiliencia debe articularse con luchas por justicia social, redistribución económica, derechos humanos, paz territorial y sostenibilidad ambiental. La resiliencia sin justicia es adaptación a lo intolerable. La justicia sin resiliencia es vulnerabilidad permanente. Necesitamos ambas: comunidades empoderadas para construir sus propios caminos, y estructuras sociales justas que hagan esos caminos transitables.

La verdadera transformación requiere tanto fortalecimiento de capacidades comunitarias como transformación de estructuras que generan vulnerabilidad. Solo así la resiliencia dejará de ser necesidad desesperada para convertirse en capacidad libremente cultivada, y las comunidades podrán dedicar su creatividad no solo a sobrevivir crisis sino a florecer en paz, dignidad y justicia.

Aprendizajes sobre Vínculos, Comunidad y Superación: El Rostro de la Resiliencia en la Frontera

La resiliencia en la frontera

Ciudad Juárez, Chihuahua, ha sido durante años un símbolo de resistencia y transformación. Su historia, marcada por episodios de violencia, pobreza y exclusión social, contrasta con la fortaleza y la capacidad de recuperación de sus habitantes. En este contexto, los estudiantes universitarios emergen como un grupo particularmente interesante para el estudio de la resiliencia, ya que, a pesar de las condiciones adversas, logran no solo mantenerse firmes en sus trayectorias académicas, sino también construir redes de apoyo que fortalecen su bienestar emocional y social.

Este libro surge a partir de un estudio realizado en la Universidad Autónoma de Chihuahua desde su Facultad de Ciencias politicas y Sociales, en el cual se analizó la resiliencia en estudiantes universitarios dentro de un entorno de alta vulnerabilidad. Los hallazgos fueron sorprendentes: a diferencia de lo que se podría esperar en un contexto marcado por la inseguridad y la falta de oportunidades, los jóvenes juarenses demostraron altos niveles de resiliencia. La clave de este fenómeno radica en la calidad de sus relaciones interpersonales, en el sentido de comunidad y en la capacidad de apoyarse mutuamente para salir adelante.

A lo largo de este libro, exploraremos las diferentes dimensiones de la resiliencia en Ciudad Juárez, abordando temas como:

1. La resiliencia como proceso psicológico y social: Definición, características y factores que influyen en su desarrollo.

2. Ciudad Juárez: Un contexto de adversidad: Historia de la violencia, pobreza y exclusión social que ha caracterizado a la región.
3. Factores protectores en la comunidad: Cómo las relaciones interpersonales, la identidad cultural y la red de apoyo juegan un papel fundamental en la resiliencia.
4. La resiliencia en la educación superior: Resultados del estudio sobre los estudiantes universitarios y su capacidad de adaptación ante la adversidad.
5. Testimonios y narrativas de resiliencia: Historias de vida que reflejan el poder de la superación en un entorno desafiante.
6. Estrategias para fortalecer la resiliencia en comunidades vulnerables: Propuestas basadas en la psicología, la educación y las políticas públicas.

Este libro no solo busca ser un documento académico, sino también una fuente de inspiración para quienes buscan comprender cómo, incluso en los escenarios más difíciles, es posible encontrar caminos hacia la superación y el crecimiento personal. La resiliencia no es un rasgo innato, sino una capacidad que se construye colectivamente, y Ciudad Juárez es prueba de ello.

La resiliencia como proceso psicológico y social

1.1 Introducción

La resiliencia ha sido ampliamente estudiada en diversas disciplinas, desde la psicología hasta la sociología y la neurociencia. En su esencia, se trata de la capacidad de un individuo o una comunidad para superar adversidades y salir fortalecido de ellas. La resiliencia no es simplemente una cualidad innata, sino un proceso complejo en el que intervienen factores psicológicos, biológicos, sociales y ambientales. Este capítulo explorará la definición de resiliencia, sus principales características y los factores que influyen en su desarrollo, brindando un marco teórico que sustente su comprensión en el contexto de la educación superior y la vida en entornos adversos, como Ciudad Juárez.

1.2 Definición de resiliencia

El concepto de resiliencia ha evolucionado a lo largo del tiempo y ha sido definido de diversas maneras según la perspectiva teórica y disciplinaria. Uno de los primeros en conceptualizar la resiliencia fue Emmy Werner (1982), quien la describió como la capacidad de ciertos niños para superar condiciones adversas y desarrollarse de manera saludable a pesar de factores de riesgo. Posteriormente, Michael Rutter (1987) amplió el concepto al señalar que la resiliencia no es solo una característica individual, sino un proceso dinámico que implica interacciones entre el individuo y su entorno.

Actualmente, la resiliencia se define como "el proceso de adaptación positiva en contextos de adversidad, trauma, tragedia, amenazas o fuentes significativas de estrés" (American Psychological Association, 2022). Según Cyrulnik (2001), la resiliencia no es un rasgo fijo, sino una construcción que se fortalece con el tiempo a través de experiencias y relaciones significativas.

1.3 Características de la resiliencia

La resiliencia no es un rasgo uniforme en todas las personas, sino que presenta variaciones individuales y comunitarias. Sin embargo, algunos estudios han identificado ciertos elementos clave que caracterizan a las personas resilientes:

1. Regulación emocional: La capacidad de manejar el estrés y las emociones negativas sin que estas interfieran en la toma de decisiones (Gross, 2015).
2. Autoeficacia: La creencia en la propia capacidad para superar obstáculos y alcanzar metas (Bandura, 1997).
3. Pensamiento optimista: La tendencia a ver las dificultades como retos en lugar de amenazas (Seligman, 2002).
4. Redes de apoyo social: Contar con vínculos significativos que brinden contención emocional y práctica (Werner & Smith, 1992).
5. Capacidad de aprendizaje y adaptabilidad: La habilidad de aprender de la adversidad y modificar estrategias para enfrentar nuevos desafíos (Masten, 2014).
6. Sentido de vida y propósito: La conexión con valores, creencias y objetivos a largo plazo que brindan motivación para seguir adelante (Frankl, 1984).

1.4 Factores que influyen en el desarrollo de la resiliencia

El desarrollo de la resiliencia está influenciado por una combinación de factores internos y externos. Estos factores pueden agruparse en tres categorías principales: individuales, familiares y comunitarios.

1.4.1 Factores individuales

Los factores individuales incluyen aspectos biológicos y psicológicos que favorecen la capacidad de una persona para enfrentar la adversidad:

- Genética y neurobiología: Estudios han demostrado que la resiliencia está relacionada con la actividad de los sistemas neurobiológicos, como el eje hipotalámico-hipofisario-adrenal y los niveles de cortisol (Charney, 2004).
- Inteligencia emocional: La capacidad de reconocer, comprender y manejar las propias emociones y las de los demás (Goleman, 1995).
- Autoestima y sentido de autoeficacia: La confianza en las propias habilidades y en la posibilidad de superar desafíos (Bandura, 1997).

1.4.2 Factores familiares

La familia es una fuente fundamental de apoyo y estabilidad emocional. Los factores familiares que influyen en la resiliencia incluyen:

- Estilo de crianza: Un ambiente familiar que fomente la autonomía, la seguridad y el afecto contribuye al desarrollo de una personalidad resiliente (Baumrind, 1991).
- Apoyo emocional y comunicación: La disponibilidad de figuras parentales que escuchen y brinden apoyo ante momentos difíciles (Luthar & Cicchetti, 2000).
- Estrategias de afrontamiento familiares: Las familias que enfrentan la adversidad con cohesión y estrategias de solución de problemas tienden a generar individuos más resilientes (Walsh, 2016).

1.4.3 Factores comunitarios

Los entornos sociales y comunitarios también desempeñan un papel crucial en la construcción de la resiliencia:

- Redes de apoyo social: La presencia de amigos, maestros, mentores y comunidad proporciona un sentido de pertenencia y seguridad (Putnam, 2000).

- Acceso a educación y recursos: La posibilidad de recibir educación de calidad y contar con oportunidades de desarrollo profesional contribuyen a una mayor adaptabilidad (Masten, 2014).
- Cultura y espiritualidad: La conexión con valores culturales y espirituales brinda un marco de referencia para afrontar el sufrimiento (Cyrulnik, 2001).

1.5 Conclusión

La resiliencia es un proceso complejo que involucra una interacción entre factores individuales, familiares y comunitarios. No es un rasgo fijo, sino una capacidad que puede desarrollarse a lo largo del tiempo mediante experiencias de vida y relaciones significativas. Comprender la resiliencia desde una perspectiva psicológica y social permite diseñar estrategias de intervención para fortalecerla, especialmente en contextos de alta vulnerabilidad como Ciudad Juárez. En los siguientes capítulos, se profundizará en el impacto del entorno y en las estrategias para fomentar la resiliencia en la educación superior y en la comunidad en general.

Referencias

- Bandura, A. (1997). *Self-efficacy: The exercise of control.* W.H. Freeman.
- Baumrind, D. (1991). The influence of parenting style on adolescent competence and substance use. *Journal of Early Adolescence, 11*(1), 56-95.
- Cyrulnik, B. (2001). *Los patitos feos: La resiliencia: Una infancia infeliz no determina la vida.* Gedisa.
- Frankl, V. (1984). *El hombre en busca de sentido.* Herder.
- Masten, A. S. (2014). *Ordinary magic: Resilience in development.* Guilford Press.

- Werner, E., & Smith, R. (1992). *Overcoming the odds: High risk children from birth to adulthood.* Cornell University Press.

Más Allá de la Adversidad: La Resiliencia en la Juventud Universitaria

2.1 Introducción

La transición a la educación superior es un periodo de profundos cambios y desafíos para los jóvenes universitarios. No solo enfrentan exigencias académicas rigurosas, sino también una serie de ajustes personales, sociales y económicos que pueden influir en su bienestar emocional. En contextos marcados por la adversidad, como Ciudad Juárez, estos desafíos se intensifican debido a factores estructurales como la violencia, la pobreza y la falta de oportunidades. Sin embargo, numerosos estudios han demostrado que la resiliencia emerge como un recurso clave para que los estudiantes no solo enfrenten estas dificultades, sino que también logren superarlas y fortalecer su desarrollo personal y profesional (Masten, 2014; Rutter, 2006).

Este capítulo examina la resiliencia en la juventud universitaria desde una perspectiva psicológica y social, explorando los mecanismos que permiten a los estudiantes sobrellevar la adversidad y prosperar a pesar de las circunstancias adversas. Se analizará el papel de los factores individuales, familiares y comunitarios, así como las estrategias que pueden ser implementadas por instituciones de educación superior para fomentar la resiliencia en sus estudiantes.

2.2 La resiliencia en la educación superior: Un proceso de adaptación

La resiliencia en el contexto universitario se refiere a la capacidad de los estudiantes para adaptarse y superar los desafíos inherentes a la vida académica, social y emocional. No se trata de una característica innata, sino de un proceso dinámico que se construye a través de experiencias, relaciones y estrategias de afrontamiento eficaces (Bandura, 1997). Esta capacidad es particularmente relevante en estudiantes provenientes de entornos de alta vulnerabilidad, quienes, a pesar de enfrentar condiciones de vida adversas, logran destacarse académicamente y construir proyectos de vida exitosos.

Los jóvenes universitarios en contextos de riesgo experimentan una serie de presiones, como la inestabilidad económica, la inseguridad en sus entornos y la falta de redes de apoyo. Sin embargo, investigaciones han demostrado que ciertos factores de protección pueden potenciar su capacidad de resiliencia, permitiéndoles desarrollar una mentalidad de crecimiento y un sentido de propósito que los impulsa a seguir adelante (Masten & Reed, 2002).

2.3 Factores individuales que promueven la resiliencia en estudiantes universitarios

Los factores individuales juegan un papel crucial en la capacidad de los estudiantes para afrontar la adversidad. Algunos de los elementos psicológicos y cognitivos que han sido identificados como facilitadores de la resiliencia incluyen:

1. Autoconciencia y regulación emocional: Los estudiantes que pueden identificar y manejar sus emociones de manera efectiva son más propensos a desarrollar estrategias de afrontamiento saludables y a evitar conductas desadaptativas (Goleman, 1995).
2. Autoeficacia académica: La creencia en la propia capacidad para superar desafíos académicos es un predictor clave del éxito universitario (Bandura, 1997).

125

3. Sentido de propósito y motivación intrínseca: Un fuerte sentido de dirección y la claridad en los objetivos personales y profesionales fortalecen la capacidad de perseverar ante las dificultades (Frankl, 1984).
4. Flexibilidad cognitiva y capacidad de aprendizaje: La habilidad para adaptar estrategias y aprender de la adversidad permite a los estudiantes encontrar soluciones creativas a sus problemas (Bonanno, 2004).
5. Optimismo y pensamiento positivo: La percepción de los desafíos como oportunidades de crecimiento en lugar de amenazas fomenta la resiliencia y el bienestar psicológico (Seligman, 2002).

2.4 El papel de la familia y las redes de apoyo

Si bien los factores individuales son esenciales, la resiliencia también se ve profundamente influenciada por el entorno familiar y las redes de apoyo. En comunidades con altos niveles de violencia y pobreza, la familia puede desempeñar un papel crucial en la generación de estrategias de afrontamiento saludables.

Las familias que promueven la autonomía, la autoestima y el sentido de responsabilidad en sus hijos tienden a formar individuos más resilientes (Werner & Smith, 1992). Además, contar con relaciones de apoyo externas, como amigos, profesores y mentores, puede servir como un amortiguador contra el estrés y la ansiedad, proporcionando un sentido de pertenencia y seguridad emocional (Putnam, 2000).

2.5 Estrategias institucionales para fortalecer la resiliencia en estudiantes universitarios

Las instituciones de educación superior tienen la responsabilidad de crear entornos que faciliten el desarrollo de la resiliencia en sus estudiantes. Algunas estrategias efectivas incluyen:

- Programas de apoyo psicológico: Servicios de orientación y terapia que ayuden a los estudiantes a manejar el estrés académico y personal (Masten, 2014).
- Fomento de la participación comunitaria: Actividades extracurriculares, voluntariados y programas de mentoría que refuercen el sentido de pertenencia y conexión social (Cyrulnik, 2001).
- Estrategias de enseñanza y aprendizaje adaptativas: Modelos educativos flexibles que permitan a los estudiantes desarrollar habilidades de resolución de problemas y pensamiento crítico (Luthar & Cicchetti, 2000).
- Acceso a recursos económicos y educativos: Becas, programas de financiamiento y servicios de tutoría para apoyar a estudiantes en situación de vulnerabilidad (Masten, 2014).

2.6 Conclusión

La resiliencia en la juventud universitaria es un fenómeno complejo que involucra la interacción de factores individuales, familiares y comunitarios. A pesar de los desafíos inherentes a la vida académica y las dificultades adicionales que enfrentan los estudiantes en contextos de adversidad, existen mecanismos que pueden fortalecer su capacidad de adaptación y crecimiento personal. Comprender estos procesos es fundamental para diseñar estrategias institucionales y comunitarias que permitan a los estudiantes desarrollar su máximo potencial y contribuir al bienestar social.

Juárez Resiliente: Vínculos, Comunidad y Superación

3.1 Introducción

Ciudad Juárez, situada en la frontera norte de México, ha sido históricamente un epicentro de violencia, desigualdad y exclusión social. A pesar de estas condiciones adversas, la comunidad juarense ha demostrado una notable capacidad de resiliencia, fortalecida por los vínculos interpersonales, la solidaridad comunitaria y la búsqueda constante de superación. Este capítulo examina los factores que han permitido a los habitantes de Ciudad Juárez resistir y adaptarse ante escenarios de inseguridad extrema, así como el papel fundamental de las relaciones sociales en la promoción del bienestar y la reconstrucción del tejido comunitario.

3.2 Ciudad Juárez: Contexto de adversidad

Para comprender la resiliencia en Ciudad Juárez, es fundamental analizar su contexto socioeconómico y de seguridad. Desde principios del siglo XXI, la ciudad ha experimentado altos niveles de violencia relacionados con el crimen organizado. Según el Instituto Nacional de Estadística y Geografía (INEGI), en 2010 la tasa de homicidios en Juárez alcanzó los 229 por cada 100,000 habitantes, posicionándola como una de las ciudades más violentas del mundo (INEGI, 2020). Aunque la violencia ha disminuido en la última década, en 2022 la tasa de homicidios aún era de 81.5 por cada 100,000 habitantes, muy por encima del promedio nacional de 27 homicidios por cada 100,000 habitantes (SESNSP, 2023).

La crisis de seguridad ha generado profundas consecuencias en la vida cotidiana de los juarenses, desde el miedo a transitar libremente por la ciudad hasta la afectación en el acceso a oportunidades laborales y educativas. Sin embargo, a pesar de este panorama, la comunidad ha encontrado

128

formas de reorganizarse y resistir a través de redes de apoyo y estrategias de afrontamiento colectivo.

3.3 El papel de los vínculos interpersonales en la resiliencia comunitaria

Las relaciones interpersonales juegan un papel crucial en la capacidad de las personas para enfrentar situaciones adversas. De acuerdo con Masten (2014), la resiliencia no es un rasgo individual, sino un proceso que se construye a través de interacciones con el entorno. En Ciudad Juárez, la familia, los amigos y la comunidad han servido como fuentes primarias de apoyo para mitigar los efectos del estrés y la inseguridad.

3.3.1 Redes de apoyo familiar

La familia es el núcleo principal de protección emocional y material para los habitantes de Juárez. Estudios han demostrado que el apoyo familiar reduce significativamente los efectos negativos de la exposición a la violencia, promoviendo el desarrollo de estrategias de afrontamiento efectivas (Werner & Smith, 1992). En un contexto de incertidumbre, las familias juarenses han aprendido a fortalecer la comunicación, establecer normas de autocuidado y fomentar la educación como una herramienta para el progreso.

3.3.2 Comunidad y solidaridad social

Además del apoyo familiar, la comunidad en Juárez ha jugado un rol clave en la promoción de la resiliencia. Organizaciones civiles, colectivos y grupos religiosos han desarrollado iniciativas para brindar asistencia psicológica, espacios recreativos seguros y oportunidades educativas a jóvenes en situación de riesgo (Putnam, 2000). Programas como "Red de Vecinos" y "Juárez Iluminado" han contribuido a la reconstrucción del tejido social, promoviendo la participación ciudadana y la recuperación de espacios públicos.

3.4 Estrategias de afrontamiento y superación en la frontera

A pesar de los desafíos, la población de Ciudad Juárez ha implementado estrategias innovadoras para afrontar la adversidad y mejorar su calidad de vida. Algunas de estas estrategias incluyen:

1. Educación como herramienta de cambio: La educación ha sido uno de los principales motores de resiliencia en la ciudad. Según datos de la Universidad Autónoma de Ciudad Juárez (UACJ), la matrícula estudiantil ha aumentado en un 25% en la última década, reflejando una apuesta por el desarrollo académico como vía de superación (UACJ, 2023).

2. Activismo y participación ciudadana: Movimientos sociales como "No + Violencia" han promovido la denuncia ciudadana y la exigencia de políticas públicas enfocadas en la seguridad y la justicia social (Martínez, 2021).

3. Apoyo psicológico y salud mental: La implementación de programas de salud mental ha sido fundamental para la recuperación emocional de los juarenses. Según la Secretaría de Salud de Chihuahua, en 2022 se atendieron más de 15,000 casos de estrés postraumático en la región, evidenciando la necesidad de fortalecer estos servicios (SSA, 2023).

3.5 Conclusión

La resiliencia en Ciudad Juárez es un fenómeno complejo que se manifiesta a través de la fortaleza de sus lazos sociales, la capacidad de organización comunitaria y la búsqueda de oportunidades educativas y económicas. A pesar de la violencia y la exclusión social, la comunidad juarense ha demostrado una notable capacidad de adaptación y resistencia. Comprender estos mecanismos es fundamental para diseñar intervenciones que fortalezcan la cohesión social y promuevan el bienestar en contextos de alta vulnerabilidad.

Factores protectores en la comunidad:

Cómo las relaciones interpersonales, la identidad cultural y la red de apoyo juegan un papel fundamental en la resiliencia

4.1 Introducción

La resiliencia no es solo un fenómeno individual; es, en gran medida, un proceso comunitario y social que depende de la calidad de los lazos interpersonales, la fortaleza de la identidad cultural y la solidez de las redes de apoyo. En entornos marcados por la adversidad, como comunidades con altos índices de violencia, pobreza o exclusión social, la resiliencia se convierte en un recurso vital que permite a los individuos y grupos sobrellevar y superar situaciones difíciles. Este capítulo explora en profundidad los factores protectores en la comunidad que potencian la resiliencia, con especial énfasis en las relaciones interpersonales, la identidad cultural y el papel de las redes de apoyo.

4.2 La importancia de las relaciones interpersonales en la resiliencia

Las relaciones interpersonales constituyen uno de los pilares fundamentales de la resiliencia comunitaria. Desde la perspectiva psicológica, la teoría del apego de Bowlby (1969) sostiene que los vínculos afectivos proporcionan seguridad y apoyo emocional, facilitando la adaptación a situaciones adversas. En contextos de crisis, las relaciones con familiares, amigos y compañeros de comunidad funcionan como amortiguadores del estrés y como fuentes de motivación para seguir adelante (Werner & Smith, 1992).

Estudios en neurociencia han demostrado que la interacción social reduce los niveles de cortisol, la hormona del estrés, y promueve la liberación de oxitocina, sustancia vinculada con la confianza y el bienestar emocional (Sapolsky, 2004). De esta manera, el acceso a una red de apoyo afectiva no solo proporciona un resguardo emocional, sino que también tiene efectos positivos en la salud física y mental.

Además, la teoría del capital social de Putnam (2000) enfatiza que los vínculos interpersonales fortalecen la cohesión social y fomentan el sentido de pertenencia, lo que incrementa la resiliencia colectiva. En comunidades con fuertes lazos sociales, los individuos son más propensos a recibir apoyo en momentos de crisis y a desarrollar estrategias colaborativas de afrontamiento.

4.3 La identidad cultural como fuente de resiliencia

La identidad cultural es un elemento clave en la construcción de la resiliencia comunitaria. La conexión con las tradiciones, la historia y los valores compartidos brinda un sentido de continuidad y pertenencia, lo que fortalece la capacidad de afrontar la adversidad (Cyrulnik, 2001). En muchas comunidades, la cultura actúa como un mecanismo de resistencia frente a la opresión y la marginalización.

En América Latina, diversos estudios han documentado cómo la identidad cultural ha permitido a comunidades indígenas y afrodescendientes preservar su bienestar a pesar de condiciones históricas adversas (Ungar, 2012). La transmisión intergeneracional de conocimientos, prácticas y creencias fortalece la autoestima colectiva y fomenta la solidaridad entre sus miembros.

Un caso emblemático es el de las comunidades fronterizas en Ciudad Juárez, donde la música, la gastronomía y las festividades tradicionales han servido como espacios de resistencia simbólica y reconstrucción social. La celebración de eventos como el Día de los Muertos o las festividades patronales refuerza los lazos comunitarios y proporciona un sentido de identidad que trasciende la adversidad.

4.4 Las redes de apoyo como mecanismo de protección

Las redes de apoyo son fundamentales en la resiliencia, ya que proporcionan recursos emocionales, materiales y psicológicos en momentos de crisis. Estas redes pueden estar conformadas por familiares, amigos, vecinos, instituciones religiosas, grupos de voluntariado y organizaciones civiles.

4.4.1 Redes familiares

La familia es la primera y más importante fuente de apoyo en momentos de adversidad. Investigaciones han demostrado que las familias cohesionadas y funcionales ofrecen un entorno seguro donde los miembros pueden expresar sus emociones y encontrar soluciones conjuntas a los problemas (Walsh, 2016). El apoyo parental y la comunicación abierta son factores clave en la resiliencia de los jóvenes, ayudándolos a desarrollar estrategias de afrontamiento efectivas.

4.4.2 Redes comunitarias

Las comunidades con redes de apoyo sólidas tienden a mostrar mayores niveles de resiliencia ante crisis económicas, desastres naturales o conflictos sociales (Masten, 2014). Programas comunitarios de mentoría, centros de atención psicológica y espacios recreativos seguros son ejemplos de iniciativas que fortalecen el tejido social y fomentan la resiliencia colectiva.

Un ejemplo relevante es el programa "Red de Vecinos Solidarios" implementado en diversas colonias de Ciudad Juárez, el cual ha demostrado ser efectivo en la prevención de la violencia y en la promoción del bienestar comunitario (Martínez, 2021). Este tipo de iniciativas fortalecen la confianza entre los ciudadanos y generan una cultura de apoyo mutuo.

4.4.3 Redes institucionales

Las instituciones educativas y organizaciones no gubernamentales también desempeñan un papel esencial en la resiliencia comunitaria. Escuelas y universidades no solo proporcionan formación académica, sino que también actúan como espacios de contención emocional y social para los estudiantes.

Un informe del Banco Mundial (2020) destaca que los estudiantes que tienen acceso a programas de tutoría y orientación psicológica presentan menores niveles de ansiedad y estrés, lo que impacta positivamente en su rendimiento académico y en su bienestar general.

En el caso de Ciudad Juárez, la Universidad Autónoma de Ciudad Juárez (UACJ) ha implementado diversos programas de apoyo emocional y asesoramiento para sus estudiantes, con el fin de fomentar su resiliencia en un entorno de alta vulnerabilidad.

4.5 Conclusión

La resiliencia no es un proceso individual, sino una construcción social que depende en gran medida de los lazos interpersonales, la identidad cultural y la solidez de las redes de apoyo. En comunidades que enfrentan altos niveles de adversidad, estos factores se convierten en elementos protectores fundamentales que permiten a las personas sobrellevar y superar situaciones difíciles.

El fortalecimiento de las relaciones interpersonales, el fomento de la identidad cultural y el desarrollo de redes de apoyo deben ser prioridades en el diseño de políticas públicas y estrategias de intervención comunitaria. Solo a través de un enfoque integral que valore el papel de la comunidad en la resiliencia podremos construir sociedades más fuertes y capaces de enfrentar los desafíos del presente y del futuro.

La resiliencia en la educación superior

5.1 Introducción

La educación superior es un periodo de transición crítica en la vida de los jóvenes, caracterizado por múltiples desafíos académicos, personales y sociales. Durante esta etapa, los estudiantes deben desarrollar habilidades de adaptación que les permitan afrontar la presión académica, la independencia, las dificultades económicas y, en muchos casos, la distancia de sus familias. En este contexto, la resiliencia se ha convertido en un factor clave para el éxito estudiantil, ya que permite a los estudiantes superar obstáculos y persistir en sus estudios a pesar de la adversidad.

Este capítulo examina la resiliencia en la educación superior desde una perspectiva psicológica y sociológica, explorando los mecanismos que permiten a los estudiantes universitarios enfrentar y superar desafíos. Además, se presentan resultados de estudios realizados en diferentes partes del mundo sobre la capacidad de adaptación de los estudiantes universitarios ante la adversidad, así como estrategias institucionales para fomentar la resiliencia en las universidades.

5.2 Definición y relevancia de la resiliencia en el contexto universitario

La resiliencia en la educación superior puede definirse como la capacidad de los estudiantes para adaptarse de manera efectiva a las exigencias del entorno universitario y a las dificultades que surgen en el proceso de formación académica (Masten, 2014). Según la Asociación Americana de Psicología (APA, 2020), la resiliencia implica procesos dinámicos de ajuste que permiten a los individuos superar la adversidad y salir fortalecidos de ella.

El concepto de resiliencia en la educación ha sido ampliamente estudiado en los últimos años debido a su impacto en la retención y el rendimiento académico. Se ha demostrado que los estudiantes con mayor resiliencia tienen una mayor capacidad para gestionar el estrés, resolver problemas, establecer metas realistas y mantener una actitud positiva ante los desafíos (Richardson, Neiger, Jensen, & Kumpfer, 1990).

5.3 Factores que influyen en la resiliencia de los estudiantes universitarios

La resiliencia en la educación superior está influenciada por múltiples factores, los cuales pueden agruparse en tres grandes dimensiones: individuales, académicos y sociales.

5.3.1 Factores individuales

1. Regulación emocional: La capacidad de gestionar las emociones es fundamental para afrontar el estrés y la ansiedad derivados de las demandas académicas (Gross, 2015).
2. Autoeficacia: Según Bandura (1997), la creencia en la propia capacidad para superar retos influye directamente en la motivación y el desempeño académico.
3. Optimismo y mentalidad de crecimiento: Dweck (2006) ha demostrado que los estudiantes que perciben los desafíos como oportunidades de aprendizaje tienen una mayor resiliencia.
4. Estrategias de afrontamiento: El uso de estrategias activas, como la planificación y el apoyo social, ha sido vinculado con niveles más altos de resiliencia (Lazarus & Folkman, 1984).

5.3.2 Factores académicos

1. Carga académica y expectativas: La presión académica es uno de los mayores desafíos para los estudiantes universitarios. Aquellos que logran establecer estrategias efectivas de gestión del tiempo suelen ser más resilientes (Tinto, 1993).
2. Apoyo docente: La presencia de profesores que fomentan la autonomía y brindan apoyo emocional impacta significativamente en la resiliencia de los estudiantes (Pascarella & Terenzini, 2005).
3. Flexibilidad curricular: Modelos educativos que permiten adaptación a las necesidades de los estudiantes favorecen una mayor resiliencia (Deci & Ryan, 2000).

5.3.3 Factores sociales

1. Red de apoyo familiar: La conexión con la familia sigue siendo un factor protector fundamental para muchos estudiantes universitarios (Werner & Smith, 1992).
2. Comunidad universitaria: El sentido de pertenencia a la universidad y la participación en actividades extracurriculares han sido identificados como predictores de mayor resiliencia (Astin, 1999).
3. Condiciones económicas: Los problemas financieros pueden ser una fuente de estrés significativa. Programas de becas y apoyos económicos han demostrado mitigar estos efectos (Parker, Jimmieson, & Amiot, 2010).

5.4 Evidencia empírica: Resiliencia en estudiantes universitarios alrededor del mundo

Diversos estudios han analizado la resiliencia en estudiantes universitarios en diferentes contextos culturales y socioeconómicos. A continuación, se presentan algunos hallazgos clave:

1. Estados Unidos: Un estudio realizado por Hartley (2011) encontró que los estudiantes con mayor

137

resiliencia presentaban una mejor salud mental y mayor persistencia académica, especialmente en contextos de alta presión universitaria.

2. Reino Unido: En una investigación llevada a cabo por Cassidy (2015), se encontró que la resiliencia estaba positivamente correlacionada con la autorregulación y la motivación intrínseca en estudiantes universitarios.

3. Australia: Un estudio de Brewer et al. (2019) reveló que el desarrollo de estrategias de afrontamiento efectivas y el apoyo social eran predictores significativos de éxito académico en estudiantes universitarios.

4. América Latina: En una investigación realizada en México y Colombia, se observó que los estudiantes provenientes de contextos de vulnerabilidad económica que contaban con redes de apoyo comunitarias tenían mayores niveles de resiliencia (González & Padilla, 2020).

5.5 Estrategias para fomentar la resiliencia en la educación superior

Para fortalecer la resiliencia en los estudiantes universitarios, las instituciones de educación superior pueden implementar diversas estrategias:

1. Programas de bienestar estudiantil: Servicios de apoyo psicológico, asesoramiento académico y tutorías personalizadas pueden mejorar la resiliencia de los estudiantes (Masten, 2014).

2. Fomento del aprendizaje socioemocional: Incorporar habilidades como la inteligencia emocional y la regulación del estrés en los planes de estudio contribuye a fortalecer la resiliencia (Goleman, 1995).

3. Creación de redes de apoyo: Espacios de mentoría y grupos de estudio colaborativo ayudan a los estudiantes a desarrollar estrategias de afrontamiento efectivas (Putnam, 2000).

4. Modelos educativos flexibles: Diseñar currículos que permitan la adaptación a diferentes estilos de aprendizaje y ritmos académicos favorece el desarrollo de resiliencia (Deci & Ryan, 2000).

5.6 Conclusión

La resiliencia en la educación superior es un factor determinante en la adaptación y el éxito académico de los estudiantes. La capacidad de afrontar la adversidad depende de una combinación de factores individuales, académicos y sociales, los cuales pueden ser potenciados a través de estrategias institucionales y comunitarias. Las universidades tienen la responsabilidad de generar entornos que favorezcan el desarrollo de la resiliencia, proporcionando herramientas y recursos que permitan a los estudiantes enfrentar los desafíos del mundo universitario y profesional.

Testimonios y narrativas de resiliencia:

ejemplos de historias de vida que reflejan el poder de la superación en un entorno desafiante

6.1 Introducción

La resiliencia es un proceso dinámico de adaptación positiva frente a la adversidad (Masten, 2014). Se manifiesta en la capacidad de los individuos para enfrentar situaciones difíciles y salir fortalecidos de ellas, incluso en contextos de extrema vulnerabilidad. A través de testimonios y narrativas de vida, es posible comprender cómo diferentes personas han desarrollado estrategias de afrontamiento y han utilizado sus recursos personales y sociales para superar obstáculos.

Este capítulo presenta una serie de relatos que ilustran el poder de la resiliencia en distintos escenarios, desde la violencia y la pobreza hasta la exclusión social y la discriminación. Cada testimonio destaca la importancia de los factores protectores como el apoyo social, la educación, la identidad cultural y la determinación personal en la construcción de la resiliencia.

6.2 La importancia de las narrativas en el estudio de la resiliencia

Las narrativas de resiliencia permiten una comprensión profunda de los mecanismos individuales y comunitarios de superación. Según Cyrulnik (2001), el acto de narrar una experiencia traumática contribuye a la reconstrucción de la identidad y al procesamiento del dolor. Además, las historias de vida proporcionan un marco para la resiliencia social, sirviendo de inspiración para otras personas en circunstancias similares (Werner & Smith, 1992).

El uso de testimonios en la investigación sobre resiliencia ha sido ampliamente documentado en estudios psicológicos y sociológicos. Por ejemplo, Ungar (2012) argumenta que la resiliencia no es únicamente un proceso individual, sino que se construye a través de interacciones con el entorno. La inclusión de relatos personales en la literatura científica permite una aproximación más humana y contextualizada al fenómeno.

6.3 Testimonios de resiliencia en contextos de adversidad

A continuación, se presentan tres historias de vida que ejemplifican cómo la resiliencia puede manifestarse en diferentes circunstancias. Estos testimonios han sido recopilados de entrevistas y estudios de caso sobre resiliencia en contextos adversos.

6.3.1 Superando la violencia y la inseguridad: El caso de Mariana

Mariana creció en una de las zonas más violentas de Ciudad Juárez. Desde pequeña, fue testigo de la violencia en su comunidad y de la inseguridad que afectaba su entorno. A los 14 años, perdió a su hermano mayor en un ataque armado, un evento que marcó profundamente su vida.

En lugar de dejarse llevar por la desesperanza, Mariana encontró apoyo en su madre y en una profesora de secundaria que la motivó a continuar sus estudios. A través de un programa de becas para jóvenes en situaciones de riesgo, logró ingresar a la universidad, donde estudió Psicología con el objetivo de ayudar a otros jóvenes afectados por la violencia.

Según Masten (2014), la educación es uno de los factores clave para el desarrollo de la resiliencia en contextos de adversidad. Mariana no solo logró graduarse, sino que actualmente trabaja en una organización que ofrece apoyo psicológico a víctimas de la violencia, demostrando cómo la resiliencia puede transformar el dolor en acción positiva.

6.3.2 De la pobreza extrema a la educación superior: La historia de Juan Carlos

Juan Carlos nació en una comunidad rural en el sur de México. Su familia vivía en condiciones de extrema pobreza y muchas veces no tenía acceso a servicios básicos como agua potable y electricidad. Desde niño, tuvo que trabajar en el campo para ayudar a su familia, lo que dificultaba su desempeño escolar.

A pesar de estas dificultades, Juan Carlos tenía una gran pasión por el aprendizaje. Gracias a una maestra que lo alentó a seguir estudiando, obtuvo una beca para una escuela secundaria en la ciudad más cercana. Posteriormente, logró ingresar a una universidad pública, donde estudió Ingeniería Agrónoma.

Según Werner y Smith (1992), los adultos significativos en la vida de los jóvenes en riesgo juegan un papel crucial en el desarrollo de la resiliencia. La perseverancia de Juan Carlos y el apoyo de su comunidad le permitieron superar las barreras económicas y lograr su sueño de convertirse en profesional. Hoy en día, trabaja en proyectos de desarrollo rural para mejorar las condiciones de vida en comunidades marginadas.

6.3.3 La resiliencia frente a la discriminación: La historia de Sofía

Sofía es una mujer transgénero que ha enfrentado múltiples formas de discriminación a lo largo de su vida. Desde pequeña, sintió que su identidad de género no coincidía con la que le asignaron al nacer, lo que la llevó a sufrir rechazo en su entorno familiar y escolar. A los 18 años, tuvo que abandonar su hogar debido a la falta de aceptación por parte de su familia.

A pesar de estos desafíos, Sofía encontró apoyo en organizaciones de derechos humanos y en una comunidad de personas LGBTQ+ que la ayudaron a acceder a educación y empleo. Con el tiempo, logró estudiar Trabajo Social y se convirtió en una activista por los derechos de las personas trans en su país.

Estudios han demostrado que el apoyo comunitario es un factor esencial para la resiliencia en poblaciones marginadas (Ungar, 2012). La historia de Sofía es un testimonio de cómo la resiliencia permite a las personas no solo enfrentar la adversidad, sino también convertirse en agentes de cambio en su sociedad.

6.4 Factores clave en el desarrollo de la resiliencia

Los testimonios presentados en este capítulo reflejan la importancia de ciertos factores clave en el desarrollo de la resiliencia:

1. Redes de apoyo social: La familia, los amigos y las comunidades de apoyo son fundamentales para la superación de la adversidad (Putnam, 2000).
2. Acceso a la educación: La educación proporciona herramientas para el empoderamiento y la movilidad social (Masten, 2014).
3. Sentido de propósito y agencia personal: La resiliencia está fuertemente ligada a la capacidad de encontrar significado en la adversidad y transformar las experiencias negativas en crecimiento personal (Frankl, 1984).
4. Modelos a seguir y mentoría: La presencia de adultos significativos que brinden orientación y apoyo es un factor protector crucial (Werner & Smith, 1992).

6.5 Conclusión

Las historias de vida presentadas en este capítulo demuestran que la resiliencia no es un rasgo innato, sino un proceso que se construye a través de experiencias, relaciones y oportunidades. La capacidad de superar la adversidad y transformar el dolor en acción positiva es un testimonio del potencial humano para la adaptación y el crecimiento.

A través del análisis de estos testimonios, se puede concluir que la resiliencia es un fenómeno complejo que depende de múltiples factores, tanto individuales como comunitarios. Promover la resiliencia en contextos de vulnerabilidad requiere el fortalecimiento de las redes de apoyo, el acceso equitativo a la educación y la generación de oportunidades para el desarrollo personal y profesional.

Estrategias para fortalecer la resiliencia en comunidades vulnerables:

Propuestas basadas en la psicología, la educación y las políticas   públicas

---

2. *Contexto psicosocial: Ciudad Juárez y la experiencia universitaria*

Ciudad Juárez presenta dinámicas complejas: urbanización acelerada ligada a la industria maquiladora, desigualdad económica persistente, infraestructura social insuficiente y episodios prolongados de violencia criminal y vulneraciones de derechos. Estas condiciones configuran entornos en los que la percepción de inseguridad, la exposición directa o vicaria a sucesos traumáticos y la desconfianza en instituciones públicas afectan la salud mental de la población joven y estudiantil. A nivel universitario, las instituciones locales han desarrollado servicios de bienestar y salud mental, pero la demanda puede exceder la oferta y la intervención requiere modelos de atención preventiva, comunitaria y adaptada culturalmente.

Las tasas de suicidio y los problemas de salud mental en jóvenes en la región norte del país han sido señalados por estudios y reportes regionales; Chihuahua figura entre las entidades con mayor prevalencia de suicidio en jóvenes, lo que refuerza la necesidad de intervenciones preventivas universitarias y comunitarias.

---

3. *Fundamentos teóricos y evidencia científica relevante*

3.1. Modelos integradores de resiliencia

Los modelos contemporáneos conciben la resiliencia como un resultado emergente de interacciones entre recursos individuales (competencias socioemocionales), redes de apoyo y entornos institucionales (escuelas, servicios de salud, políticas públicas). El "modelo socioecológico" de resiliencia propone niveles de intervención: individual, relacional, comunitario e institucional, y enfatiza la necesidad de intervenciones multisectoriales y sostenidas en el tiempo (Norris et al., 2008; Prevention Institute, 2015).

3.2. Evidencia sobre intervenciones eficaces

Revisiones en prevención de violencia y salud mental indican que los programas combinados (psicoterapia basada en evidencia + fortalecimiento comunitario + políticas de protección social) generan efectos más sostenibles que las acciones aisladas. Intervenciones escolares/universitarias que incorporan entrenamiento en regulación emocional, habilidades de afrontamiento y fortalecimiento de capital social han mostrado reducción de síntomas de ansiedad, depresión y riesgo conductual. En contextos de violencia, los programas deben incluir componentes de seguridad psicológica, detección temprana y rutas de atención y derivación.

4. Diagnóstico operativo para intervención en la población universitaria de Ciudad Juárez

Una intervención eficaz parte de un diagnóstico que incluya: (a) indicadores epidemiológicos de salud mental y violencia entre estudiantes; (b) recursos institucionales (centros de bienestar universitario, líneas de atención, equipos de trabajo social); (c) redes comunitarias y ONG; (d) barreras de acceso (estigma, costos, desconfianza institucional); y (e) brechas en políticas públicas locales. La Universidad Autónoma de Ciudad Juárez (UACJ) dispone de centros de bienestar y acciones de promoción, pero la evidencia sugiere la necesidad de ampliar tamizajes, intervenciones grupales y estrategias comunitarias que conecten la universidad con entornos familiares y barriales.

5. Estrategias psicológicas *(nivel individual y grupal)*

5.1. Prevención universal y tamizaje

- Implementar tamizaje anual y sistemático de salud mental (síntomas de depresión, ansiedad, estrés postraumático, ideación suicida), con protocolos claros de derivación y atención.
- Crear rutas de atención integradas entre servicios universitarios y servicios municipales/estatales.

5.2. Intervenciones de primera línea

- Programas de intervención breve basados en evidencia: Terapia Cognitivo-Conductual (TCC) breve para ansiedad y depresión, Terapia centrada en el trauma cuando procede, y enfoques de reducción de estrés basados en mindfulness adaptados culturalmente.
- Grupos psicoeducativos sobre regulación emocional, manejo del duelo, y prevención de conductas de riesgo (consumo de sustancias, conductas autolesivas).

5.3. Intervenciones de fortalecimiento (resilience-building)

- Entrenamiento en habilidades de afrontamiento y resolución de problemas (problem-solving training), fortalecimiento de la autoeficacia y fomento de metas realistas y significativas.
- Programas de mentoring y pares orientados a la construcción de redes de apoyo y sentido de pertenencia (peer-support).

5.4. Intervenciones para víctimas directas o vicarias de violencia

- Protocolos de atención inmediata con enfoque de trauma-informed care (TIC): evaluación de riesgo, intervención psicológica centrada en estabilización, y seguimiento.
- Atención multidisciplinaria (psicología, trabajo social, asesoría legal) para abordar necesidades complejas.

---

6. Estrategias educativas (nivel institucional y curricular)

6.1. Currículo universitario con enfoque en salud mental y resiliencia

- Integración transversal de contenidos sobre salud mental, derechos humanos, resolución no violenta de conflictos, y ciudadanía en plan de estudios, especialmente en carreras con alta exposición a estrés (salud, educación, trabajo social, psicología).
- Cursos obligatorios optativos sobre autocuidado docente-estudiantil, alfabetización emocional y prevención de violencia.

6.2. Pedagogías restaurativas y ambientes seguros

- Implementación de prácticas restaurativas en aulas y en la gestión de conflictos universitarios: círculos restaurativos, mediación y procesos restaurativos que reconstruyan vínculos y reduzcan sanciones punitivas que estigmatizan.
- Capacitación docente en detección temprana de riesgo psicosocial y en prácticas pedagógicas que reduzcan la re-victimización.

6.3. Formación de liderazgo estudiantil y programas de empoderamiento

- Programas de "Youth Empowerment" aplicados al ámbito universitario para fomentar liderazgo, organización comunitaria y proyectos estudiantiles de impacto social; dichos modelos han mostrado reducción de la violencia de base comunitaria cuando se articulan con la comunidad local. <u>Cambridge University Press & Assessment</u>

7. Estrategias de política pública y gobernanza (nivel municipal/estatal)

7.1. Seguridad con enfoque de salud pública y derechos humanos

- Reorientar políticas de seguridad hacia modelos de prevención situacional y social que reduzcan el riesgo sin criminalizar a la juventud (programas de protección social, mejora de iluminación y espacios seguros, transporte estudiantil seguro).
- Fortalecer capacidad forense, denuncia y protección a víctimas, reduciendo la impunidad y mejorando la confianza institucional.

7.2. Integración de servicios: salud, educación y protección social

- Diseñar convenios interinstitucionales entre universidades, servicios de salud mental municipales/estatales y organizaciones civiles para garantizar continuidad de atención y accesibilidad.
- Financiamiento de líneas permanentes para prevención y atención en salud mental universitaria

(recursos humanos, formación, plataformas digitales de apoyo).

7.3. Políticas de inclusión y equidad

- Políticas de becas, apoyo económico y programas de retención para estudiantes en situación de vulnerabilidad, reduciendo el abandono por motivos económicos o por exposición a violencia.
- Programas específicos para mujeres y poblaciones discriminadas, que enfrentan riesgos diferenciados en contextos de violencia sexual y de género.

7.4. Monitoreo, evaluación y transparencia

- Sistemas de monitoreo de indicadores de salud mental y seguridad en la comunidad universitaria, con datos desagregados y de acceso público para impulsar rendición de cuentas y ajustes basados en evidencia. Modelos de resiliencia requieren datos continuos para adaptar intervenciones.

---

8. Propuesta de un modelo integrado de intervención (Programa "Raíces y Redes")

Presento un esquema operativo —modular y escalable— diseñado para ser adoptado por la universidad en coordinación con autoridades y organizaciones civiles:

8.1. Componentes del programa

1. Prevención universal (campañas, tamizaje anual, capacitación docente).
2. Intervención temprana (clínica breve, grupos de psicoeducación, servicios de crisis 24/7).

3. Fortalecimiento comunitario (clubes de pares, proyectos de servicio comunitario, redes de apoyo barrial).
4. Política y protección (convenios interinstitucionales, seguridad comunitaria, programas de inclusión).
5. Investigación y evaluación (línea base, indicadores, evaluación cuasi-experimental de impacto).

8.2. Mecanismos de acción

- Vinculación directa entre tamizaje y rutas de atención; uso de tecnologías (plataformas de autoidentificación y seguimiento).
- Formación continua de personal en TIC (trauma-informed care), intervención breve y respeto a la confidencialidad.
- Fortalecimiento de capital social mediante proyectos co-dirigidos con estudiantes y comunidades locales (co-producción de soluciones).

8.3. Indicadores propuestos (ejemplos)

- Tasa de estudiantes con tamizaje completado; tiempo promedio de atención tras identificación; reducción en puntuaciones promedio de ansiedad/depresión a 6 y 12 meses; retención estudiantil; percepción de seguridad en campus y en ruta a casa; número de convenios activos con servicios comunitarios; participación en proyectos comunitarios.

---

9. Implementación: pasos prácticos y consideraciones operativas

1. Fase preparatoria (0–6 meses): diagnóstico ampliado, constitución de mesa multisectorial

(universidad, salud, seguridad, sociedad civil), diseño protocolizado y capacitación inicial.

2. Fase piloto (6–18 meses): implementación en facultades seleccionadas, tamizaje y rutas de atención, evaluación formativa.
3. Escalamiento y consolidación (18–48 meses): expansión a toda la institución, ajuste de protocolos, institucionalización de financiamiento y evaluación de impacto.
4. Sostenibilidad: creación de lineamientos normativos, formación de recursos humanos localmente (carreras y especialidades), y fortalecimiento de la participación estudiantil y comunitaria.

10. Evaluación y evidencia: diseño de investigación aplicada

Se recomienda emplear diseños mixtos para evaluar procesos y resultados: estudios cuasi-experimentales (grupos control no aleatorizados por facultad), mediciones longitudinales y análisis cualitativos para comprender experiencias y barreras. Además, se sugiere incluir evaluación costo-efectividad para sostener propuestas ante tomadores de decisión.

11. Ética, seguridad y consideraciones culturales

- Confidencialidad y consentimiento informado: protocolos rigurosos en tamizaje y tratamiento, especialmente en casos de violencia.
- Cuidado para evitar la revictimización: intervenciones sensibles al trauma y culturalmente pertinentes.
- Participación y co-diseño: asegurar voz estudiantil y comunitaria en la construcción de intervenciones para aumentar legitimidad y adherencia.

- Atención a desigualdades: priorizar acciones que reduzcan brechas (género, origen socioeconómico, condición migratoria).

12. Limitaciones y riesgos

- Riesgo de acciones fragmentadas sin coordinación interinstitucional.
- Estigma y desconfianza pueden limitar la búsqueda de ayuda; es necesario trabajo sostenido en comunicación y en creación de espacios seguros.
- Requiere financiamiento sostenido y compromiso político; las intervenciones puntuales sin continuidad tienden a tener efectos transitorios.

13. Conclusión

La resiliencia comunitaria en contextos de violencia como el de Ciudad Juárez demanda estrategias integradas que combinen intervenciones psicológicas basadas en evidencia, reformas pedagógicas que promuevan entornos protectores, y políticas públicas orientadas a la protección, inclusión y construcción de tejido social. Para estudiantes universitarios, el enfoque debe priorizar prevención universal, accesibilidad a servicios, fortalecimiento de redes de apoyo y participación activa en procesos de transformación social. Las universidades pueden ser nodos catalizadores de este proceso si articulan investigación, docencia y extensión con las comunidades y autoridades locales.

Referencias seleccionadas (ejemplos académicos y fuentes institucionales)

Fuentes principales citadas en el capítulo (selección):

- Universidad Autónoma de Ciudad Juárez — Salud Mental / Centros de Bienestar Universitarios. Información institucional sobre servicios de atención y promoción en la UACJ. cienciavital.uacj.mx+1
- Gutiérrez, C. O. A. (2024). *Juventud y suicidio en la región fronteriza norte de México.* Revista (análisis regional). Señala que Chihuahua registra alta prevalencia de suicidio juvenil. Redalyc
- Secretaría de Gobernación (SEGOB). *Modelo de Resiliencia Comunitaria para la Reconstrucción del Tejido Social* — marco para políticas públicas de resiliencia comunitaria en México.
- Blackburn, N. A., et al. (2023). *Resilience-Informed Community Violence Prevention and...* (revisión sobre prevención basada en resiliencia en contextos de violencia). PMC
- Prevention Institute. (2015). *Adverse Community Experiences and Resilience* — revisión sobre factores comunitarios, violencia y estrategias de intervención. Prevention Institute

Textos clásicos y revisiones teóricas (sugeridos para profundizar):

- Masten, A. S. (2001). *Ordinary magic: Resilience processes in development.* American Psychologist.
- Norris, F. H., Stevens, S. P., Pfefferbaum, B., Wyche, K. F., & Pfefferbaum, R. L. (2008). *Community resilience as a metaphor, theory, set of capacities, and strategy for disaster readiness.* American Journal of Community Psychology.
- Zimmerman, M. A., Stewart, S. E., Morrel-Samuels, S., Franzen, S., & Reischl, T. M. (2011). *Youth empowerment solutions for peaceful communities.*

Capítulo 8

Genealogía filosófica de la resiliencia: de Epicuro a las juventudes contemporáneas
(Bienestar, eudaimonía y resiliencia en la historia de las ideas y su relevancia para las generaciones actuales)

Resumen

Este capítulo examina la historia del concepto de resiliencia desde una perspectiva filosófica, centrada en el pensamiento epicúreo sobre la eudaimonía, la vida buena y la organización ética de la existencia individual y colectiva. A partir de esta genealogía, se analiza cómo las comprensiones antiguas de la felicidad, el bienestar y la fortaleza humana se transformaron en las formulaciones psicológicas contemporáneas del concepto de resiliencia. Finalmente, se argumenta por qué es crucial enfatizar la resiliencia en las juventudes actuales —particularmente en contextos adversos como la región fronteriza— y por qué la narrativa de la "generación de cristal" constituye un mito sociocultural que desconoce la enorme adaptabilidad, creatividad y fortaleza de las nuevas generaciones.

1. Introducción: La resiliencia como un concepto con raíces antiguas

La resiliencia, aunque hoy es estudiada desde la psicología, la educación y la salud pública, tiene raíces filosóficas

154

profundas. Las preguntas sobre cómo vivir bien, cómo enfrentar el sufrimiento, cómo encontrar la felicidad y cómo crear orden en la vida individual y colectiva han acompañado al pensamiento humano desde la Antigüedad.

Lejos de ser un concepto aislado de la modernidad, la resiliencia está vinculada con preocupaciones que ya formulaban los filósofos griegos, entre ellos Epicuro, quien buscaba comprender los principios que posibilitan una vida equilibrada, libre de miedos innecesarios, y orientada hacia la satisfacción auténtica.

La historia de la resiliencia, por tanto, no comienza en la psicología del siglo XX; es la continuación de una conversación milenaria acerca de la condición humana. Comprender esta genealogía permite fortalecer su significado ético, político y educativo en el presente —especialmente para las juventudes que enfrentan desafíos inéditos.

---

2. Epicuro y los principios que ordenan la vida

Epicuro (341–270 a. C.) es uno de los pensadores más influyentes en la construcción del ideal de bienestar humano. Su propuesta filosófica se enmarca dentro del movimiento helenístico, que se caracterizaba por ofrecer filosofías terapéuticas orientadas a aliviar el sufrimiento humano (Nussbaum, 1994).

2.1. El tetraphármakon como antecedente conceptual de la resiliencia

Epicuro sintetizó su filosofía práctica en el *tetraphármakon* ("el cuádruple remedio"):

1. No temer a los dioses.
2. No temer a la muerte.
3. El bien es fácil de conseguir.

El mal es fácil de soportar.

Estos principios buscaban reducir la ansiedad, moderar las pasiones destructivas y permitir que la persona desarrollara ataraxia, un estado de serenidad y equilibrio.

Desde una lectura contemporánea, estos enunciados pueden entenderse como estrategias proto-resilientes: técnicas cognitivas, éticas y emocionales para enfrentar la incertidumbre, el miedo y la adversidad.

2.2. La felicidad como vida sencilla, prudente y solidaria

Para Epicuro, la felicidad (*eudaimonía*) no provenía del placer desmedido sino de:

- la vida prudente,
- el cultivo de amistades significativas,
- la reflexión sobre el deseo,
- y la construcción de comunidades de apoyo mutuo.

Estos elementos coinciden con la literatura científica actual sobre factores protectores de la resiliencia (Masten, 2001; Ungar, 2012): redes sociales sólidas, regulación emocional, búsqueda de sentido y ambientes comunitarios seguros.

---

3. *Eudaimonía y bienestar: el hilo conductor desde la Antigüedad*

La noción de *eudaimonía* —vivir de acuerdo con una buena disposición del alma— ha sido reinterpretada a lo largo de los siglos:

- Para Aristóteles, era la actividad virtuosa conforme a la razón.

- Para los estoicos, consistía en aceptar el orden natural y cultivar la fortaleza del carácter.
- Para Epicuro, implicaba libertad interior y ausencia de perturbación.

A pesar de sus diferencias, estos enfoques coinciden en una idea esencial:
El bienestar humano es un proceso activo de adaptación y autorregulación.

Hoy, la psicología positiva —con autores como Seligman (2011) y Ryff (1989)— retoma estos antecedentes para comprender el bienestar como un fenómeno multidimensional que incluye:

- autonomía,
- propósito vital,
- crecimiento personal,
- relaciones de calidad,
- dominio del ambiente,
- y aceptación de uno mismo.

La resiliencia se inserta en esta historia como la capacidad que permite *preservar o recuperar ese bienestar* frente a experiencias adversas.

---

4. De la filosofía a la psicología contemporánea: evolución histórica del concepto de resiliencia

Aunque la resiliencia tiene antecedentes filosóficos, su formalización científica se dio en varias etapas:

4.1. Primera etapa: la resiliencia como rasgo individual (1970s–1980s)

Autores pioneros como Werner y Smith (1982) estudiaron a niños en situaciones de riesgo y encontraron que algunos desarrollaban trayectorias saludables. La resiliencia era vista como un "rasgo" interno ("invulnerabilidad").

4.2. Segunda etapa: la resiliencia como proceso dinámico (1990s–2000s)

Investigadoras como Ann Masten (2001) enfatizaron que no hay "niños invulnerables"; la resiliencia es un proceso interactivo entre el individuo y su entorno.

4.3. Tercera etapa: resiliencia comunitaria y social (2000s–hoy)

Autores como Michael Ungar (2012) resaltan que la resiliencia requiere condiciones sociales, económicas y culturales que permitan a las personas acceder a los recursos necesarios para enfrentar adversidades. Esta visión coincide con el énfasis epicúreo en la comunidad, la amistad y la vida social ordenada.

---

5. Por qué debemos hablar más de resiliencia en los jóvenes

Las juventudes contemporáneas —especialmente en regiones afectadas por desigualdad, violencia, precariedad laboral y crisis climática— enfrentan condiciones que desmienten profundamente la narrativa de fragilidad que suele atribuírseles.

5.1. Refutando el mito de la "generación de cristal"

El discurso de la "generación de cristal" afirma que los jóvenes:

- son hipersensibles,
- no toleran la frustración,
- y se quiebran fácilmente.

Sin embargo, la investigación indica lo contrario:

- Las nuevas generaciones hablan abiertamente de salud mental, lo cual no es fragilidad, sino alfabetización emocional.
- Tienen un mayor sentido de justicia, diversidad e inclusión.
- Son altamente adaptables a cambios tecnológicos, climáticos y socioeconómicos.
- Participan activamente en movimientos sociales globales que promueven equidad, paz y derechos humanos.

Es decir: no son frágiles; son conscientes, críticos y resilientes.

5.2. Juventud como motor de transformación social

Epicuro decía que la filosofía debía practicarse "para mantener el alma libre del miedo". De manera paralela, la resiliencia hoy es necesaria para que la juventud mantenga su agencia, su capacidad de imaginar futuros posibles, y su poder para transformar la sociedad.

En contextos como Ciudad Juárez, esta resiliencia se expresa en:

- jóvenes que estudian pese a la violencia,
- que trabajan y sostienen a sus familias,

- que desarrollan proyectos comunitarios,
- que buscan bienestar aun en condiciones adversas.

La historia de la frontera muestra que la juventud ha sido clave en procesos de reconstrucción social, emprendimiento, innovación educativa y activismo comunitario.

6. Convergencias entre filosofías antiguas y resiliencia juvenil contemporánea

6.1. Serenidad epicúrea y regulación emocional moderna

Epicuro buscaba la *ataraxia*; hoy hablamos de inteligencia emocional, mindfulness, autocuidado y manejo del estrés.

6.2. Comunidad epicúrea y redes de apoyo actuales

El Jardín de Epicuro funcionaba como una comunidad terapéutica; hoy, la resiliencia juvenil depende de redes sociales, familias ampliadas, colectivos estudiantiles y comunidades digitales.

6.3. Eudaimonía y psicología positiva

Las reflexiones sobre la felicidad como autorrealización se continúan en estudios actuales sobre bienestar psicológico y florecimiento humano (Ryff, 1989; Huppert, 2009).

6.4. Ética del cuidado

Epicuro definía el placer como ausencia de dolor innecesario. Hoy, la resiliencia se fortalece en prácticas de autocuidado, cuidado comunitario y cuidado institucional.

7. Implicaciones para el trabajo con juventudes en contextos adversos

Desde esta genealogía, se derivan varias implicaciones:

7.1. Reconocimiento de la capacidad juvenil

No se debe partir de la lógica del déficit, sino del potencial adaptativo de los jóvenes.

7.2. Enfoque de derechos y bienestar integral

El bienestar no es un lujo filosófico sino un derecho humano (OMS, 2013).

7.3. Educación para la eudaimonía

Las universidades pueden recuperar la tradición filosófica de enseñar a vivir:

Autocuidado

El autocuidado es un concepto complejo que se sitúa en la intersección de la psicología, la salud pública, la ética y la teoría social. En términos generales, se refiere a las *acciones deliberadas que las personas realizan para preservar su salud física, mental, emocional y espiritual* (WHO, 2014). Sin embargo, su significado ha evolucionado desde una noción individualista hacia una visión más integral que reconoce los determinantes sociales, la autonomía y la dignidad humana.

La Organización Mundial de la Salud define el autocuidado como *"la capacidad de las personas, las familias y las comunidades para promover la salud, prevenir enfermedades, mantener la salud y hacer frente a la enfermedad y la discapacidad con o sin el apoyo de un proveedor de atención médica"* (WHO, 2014). Esta perspectiva reconoce que el autocuidado no depende

161

solamente de decisiones personales, sino también de condiciones estructurales como el acceso a recursos, la educación y la cohesión social.

En el ámbito psicológico, Neff (2003) amplía el concepto con la idea de *autocompasión*, entendida como la capacidad de tratarse con amabilidad, reconocer la humanidad compartida y sostener una actitud de atención plena hacia las propias emociones. La autocompasión es considerada un componente esencial del autocuidado porque reduce la autocrítica excesiva, promueve la regulación emocional y mejora el bienestar psicológico en situaciones de estrés.

Desde los estudios sobre trauma y resiliencia, autores como Herman (1992) y Van der Kolk (2014) subrayan que el autocuidado se vuelve fundamental para la recuperación emocional, porque brinda estabilidad fisiológica y psíquica en contextos adversos, tales como violencia, duelo, precariedad o exclusión social.

El autocuidado también tiene una dimensión ética y comunitaria, tal como propone Foucault (1984) en su noción de *"tecnologías del yo"*, donde sostiene que cuidarse a sí mismo es un acto político en sociedades que tienden a deshumanizar y fragmentar. Según esta visión, el autocuidado no es egoísmo, sino una práctica de resistencia frente a condiciones que vulneran la integridad personal.

En resumen, el autocuidado es:

- Una práctica fundamental para mantener la salud integral.
- Un derecho, no un privilegio.
- Un acto político frente a contextos de violencia.
- Una herramienta psicológica para sostener la resiliencia.

Reflexión ética

La reflexión ética es un proceso racional, emocional y social mediante el cual las personas analizan las consecuencias de sus acciones, evalúan sus principios y los confrontan con los dilemas que enfrentan en la vida cotidiana. Según Cortina (2003), la reflexión ética consiste en *"examinar críticamente los fundamentos de nuestras decisiones y comportamientos en relación con el bien propio y el bien colectivo"*.

Desde la filosofía moral clásica hasta la ética contemporánea, la reflexión ética implica:

- La capacidad de deliberación (Aristóteles, *Ética Nicomáquea*).
- El reconocimiento del otro como sujeto de dignidad (Kant, 1785; Nussbaum, 2000).
- La conciencia de la responsabilidad social (Jonas, 1979).

En psicología y educación, la reflexión ética se considera una competencia imprescindible para el desarrollo moral. Kohlberg (1981) sostiene que la madurez moral se alcanza mediante procesos reflexivos continuos donde los individuos evalúan normas y valores más allá del interés personal.

En contextos de violencia, desigualdad o injusticia social —como los que atraviesan muchas comunidades en la frontera México–Estados Unidos— la reflexión ética adquiere una relevancia especial. Sandoval y Bermúdez (2019) sostienen que la ética es necesaria para contrarrestar procesos de deshumanización, discriminación o exclusión, y para fomentar una cultura de paz.

La reflexión ética exige reconocer cómo nuestras acciones afectan al bienestar comunitario y cómo se inscriben en estructuras históricas más amplias. Freire (1970) plantea que no puede haber ética sin conciencia crítica, porque solo quienes reflexionan sobre la opresión pueden transformarla.

Proyecto de vida

- El proyecto de vida es una construcción psicológica, filosófica y sociológica que se refiere al conjunto de metas, valores, motivaciones y decisiones que orientan la existencia de una persona hacia un horizonte significativo. Frankl (1959) lo define como la búsqueda de sentido, que permite afrontar el sufrimiento con dignidad y dirección.
- Erikson (1968) señala que durante la juventud — especialmente en estudiantes universitarios— la formación de la identidad y el proyecto de vida son tareas esenciales del desarrollo. Un proyecto de vida sólido otorga coherencia temporal, facilita la toma de decisiones y aumenta la sensación de agencia.
- En psicología positiva, Ryff (1989) afirma que el bienestar eudaimónico se alcanza cuando las personas desarrollan un propósito vital, objetivos claros y compromiso con su realización. Esto se articula con teorías contemporáneas como la autodeterminación (Deci & Ryan, 2000), donde el proyecto de vida surge de la autonomía, la competencia y la conexión social.
- En contextos de precariedad, violencia o incertidumbre sociopolítica —como ocurre con muchos jóvenes en Ciudad Juárez— construir un proyecto de vida es un acto de resistencia y resiliencia. Ungar (2011) plantea que el proyecto vital se configura dentro de condiciones sociales que pueden limitar oportunidades, pero también motivar procesos de fortaleza y creatividad.
- El proyecto de vida no es una planificación rígida, sino una narrativa dinámica que se renegocia frente a crisis, pérdidas y cambios. Según Ricoeur (1990), la identidad narrativa permite integrar experiencias dolorosas en un relato coherente que da continuidad y dignidad a la existencia.

Justicia Social

La justicia social es un principio ético, político y social que busca garantizar que todas las personas tengan acceso equitativo a los recursos, derechos y oportunidades necesarias para vivir con dignidad. Rawls (1971) la define como *"la equidad en la distribución de bienes sociales primarios"*, bajo condiciones de imparcialidad.

Sen (2009), por su parte, propone que la justicia debe entenderse no solo como la distribución de recursos, sino como la eliminación de injusticias reales que afectan la libertad y las capacidades humanas. Su enfoque de *capabilities* señala que la justicia social implica crear condiciones para que todas las personas puedan desarrollar sus potencialidades.

La justicia social también es central en el pensamiento de Nancy Fraser (2008), quien plantea que la justicia requiere:

1. Redistribución (económica)
2. Reconocimiento (cultural)
3. Representación (política)

En contextos de violencia y desigualdad —como Ciudad Juárez, ciudad fronteriza marcada por militarización, narcoviolencia y exclusión histórica— la justicia social se vuelve fundamental para la construcción de resiliencia comunitaria. Autores como Wacquant (2008) y Segato (2013) han mostrado cómo las estructuras de violencia socavan no solo el bienestar individual, sino la cohesión comunitaria, la participación democrática y la salud mental colectiva.

En educación, la justicia social demanda acceso equitativo, políticas inclusivas, y pedagogías críticas que reconozcan las desigualdades estructurales. Freire (1970) sostiene que la educación solo es liberadora cuando permite a las personas leer el mundo, no solo la palabra.

Construccion de comunidad

La construcción de comunidad es el proceso mediante el cual un grupo de personas desarrolla vínculos de pertenencia, cooperación y apoyo mutuo para alcanzar metas compartidas y sostener el bienestar colectivo. Putnam (2000) la asocia con la generación de capital social, entendido como redes de confianza, normas de reciprocidad y participación cívica.

Desde la sociología, Tönnies (1887) distingue entre *Gemeinschaft* (comunidad) y *Gesellschaft* (sociedad), conceptualizando la comunidad como un movimiento hacia la cercanía afectiva, los lazos orgánicos y la cooperación.

En psicología comunitaria, Sarason (1974) define la comunidad como un sentimiento de pertenencia y un compromiso mutuo que permite a las personas influir unas en otras y compartir recursos. McMillan y Chavis (1986) agregan que la comunidad se sostiene a partir de cuatro elementos:

1. Pertenencia
2. Influencia
3. Integración y satisfacción de necesidades
4. Conexión emocional compartida

La construcción de comunidad es especialmente relevante en entornos marcados por violencia, miedo o fragmentación social. Según Kirmayer et al. (2011), las comunidades resilientes son aquellas capaces de reorganizarse frente al trauma, de reconstruir redes de apoyo y de sostener prácticas culturales que fortalecen la identidad colectiva.

En Ciudad Juárez, diversos estudios (Alvarez & Argueta, 2016) han mostrado que la cohesión comunitaria —a través de redes vecinales, proyectos culturales, movimientos estudiantiles y acciones ciudadanas— es un componente crítico para la resiliencia comunitaria frente a décadas de violencia estructural.

La construcción de comunidad es un acto político y ético que apuesta por la vida digna y por la defensa de lo común. No es solo un concepto, sino una práctica cotidiana que implica cooperación, participación, memoria colectiva y compromiso con el bien común.

Resiliencia como práctica colectiva

Las políticas públicas deben crear las condiciones para que la resiliencia no recaiga sólo en los individuos.

8. Conclusión: La resiliencia como herencia filosófica y compromiso ético con el futuro

La resiliencia no es únicamente una capacidad psicológica; es una forma de vivir y comprender la existencia. Sus raíces en la filosofía antigua muestran que los seres humanos siempre hemos buscado respuestas frente a la adversidad, desde Epicuro hasta los jóvenes actuales.

Las juventudes de hoy, lejos de ser débiles, son herederas de esa búsqueda milenaria: la búsqueda de una vida buena, justa, digna y posible.

Reconocer su resiliencia es reconocer su capacidad para sostener y transformar el futuro. Inspirados por Epicuro, podemos afirmar que "no hay edad para filosofar" y, por extensión, no hay edad para cultivar resiliencia.

Referencias bibliográficas

- Aristóteles (2009). *Ética a Nicómaco*. Madrid: Gredos.
- Epicuro (1994). *Carta a Meneceo*. En: *Obras completas*. Madrid: Gredos.
- Huppert, F. A. (2009). "Psychological Well-being: Evidence Regarding its Causes and Consequences." *Applied Psychology: Health and Well-Being*, 1(2), 137–164.
- Masten, A. S. (2001). "Ordinary Magic: Resilience Processes in Development." *American Psychologist*, 56(3), 227–238.
- Nussbaum, M. (1994). *The Therapy of Desire: Theory and Practice in Hellenistic Ethics*. Princeton University Press.
- Ryff, C. D. (1989). "Happiness is Everything, or Is It? Explorations on the Meaning of Psychological Well-Being." *Journal of Personality and Social Psychology*, 57(6), 1069–1081.
- Seligman, M. (2011). *Flourish: A Visionary New Understanding of Happiness and Well-being*. Free Press.
- Ungar, M. (2012). *Social Ecology of Resilience: A Handbook of Theory and Practice*. Springer.
- Werner, E., & Smith, R. (1982). *Vulnerable but Invincible*. McGraw-Hill.
- Organización Mundial de la Salud (2013). *Plan de Acción sobre Salud Mental 2013–2020*. OMS.
- Aldrich, D. P. (2012). *Building Resilience: Social Capital in Post-Disaster Recovery*. University of Chicago Press.

- Aldrich, D. P., & Meyer, M. A. (2015). Social Capital and Community Resilience. *American Behavioral Scientist*, 59(2), 254-269.

- Angarita, P. E., Gallo, H., Jiménez, B. I., Atehortúa, C. I., Ospina, M. C., Medina, C., & Sánchez, L. A. (2008). Dinámicas de guerra y construcción de paz: estudio interdisciplinario del conflicto armado en la Comuna 13 de Medellín. Universidad de Antioquia.

- Berkes, F., Colding, J., & Folke, C. (2003). *Navigating Social-Ecological Systems: Building Resilience for Complexity and Change*. Cambridge University Press.

- Berkes, F., & Ross, H. (2013). Community Resilience: Toward an Integrated Approach. *Society & Natural Resources*, 26(1), 5-20.

- CENAPRED (2017). Impacto socioeconómico de los desastres en México durante 2017. Centro Nacional de Prevención de Desastres.

- Chambers, R. (1994). The origins and practice of participatory rural appraisal. *World Development*, 22(7), 953-969.

- Dynes, R. R. (2002). The importance of social capital in disaster response. University of Delaware Disaster Research Center Preliminary Paper #327.

- Echeverri, A., & Orsini, F. M. (2010). Informalidad y urbanismo social en Medellín. En M. Hermelin, A. Echeverri & J. Giraldo (Eds.), *Medellín: Medio ambiente, urbanismo y sociedad*. Centro de Estudios Urbanos y Ambientales, Universidad EAFIT.

- Folke, C. (2006). Resilience: The emergence of a perspective for social–ecological systems analyses. *Global Environmental Change*, 16(3), 253-267.

- Giraldo, J., & Preciado, A. (2015). Medellín, from Theater of War to Security Laboratory. *Stability: International Journal of Security and Development*, 4(1), 1-14.

- Hernández Velasco, E. (2016). Gobernanza ambiental, participación social y conflictos socioambientales en territorios indígenas. En N. Sosa-Álvarez (Ed.), *Estudios rurales y movimientos sociales*. UNAM.

- Holling, C. S. (1973). Resilience and stability of ecological systems. *Annual Review of Ecology and Systematics*, 4(1), 1-23.

- Huamán, L. (2021). Ollas comunes en Lima Metropolitana durante la pandemia de COVID-19. *Anthropologica*, 39(47), 185-211.

- Joseph, J. (2013). Resilience as embedded neoliberalism: a governmentality approach. *Resilience*, 1(1), 38-52.

- Luthar, S. S., Cicchetti, D., & Becker, B. (2000). The construct of resilience: A critical evaluation and guidelines for future work. *Child Development*, 71(3), 543-562.

- Menéndez, E. L. (2020). Curar, prevenir, controlar. Pandemia y sociedades latinoamericanas. *Nueva Sociedad*, 287, 153-165.

- Norris, F. H., Stevens, S. P., Pfefferbaum, B., Wyche, K. F., & Pfefferbaum, R. L. (2008). Community resilience as a metaphor, theory, set of capacities, and strategy for disaster readiness. *American Journal of Community Psychology*, 41(1-2), 127-150.

- Paton, D., & Johnston, D. (2006). *Disaster Resilience: An Integrated Approach*. Charles C Thomas Publisher.

- Ríos, J., & Antunes, S. (2012). Resiliencia comunitaria: Revisión de publicaciones latinoamericanas. *Pensando Psicología*, 8(15), 129-138.

- Rutter, M. (1987). Psychosocial resilience and protective mechanisms. *American Journal of Orthopsychiatry*, 57(3), 316-331.

- Sánchez González, J. M., & Martínez Cruz, A. L. (2018). Redes sociales digitales y respuesta comunitaria ante sismos en México. *Revista Mexicana de Ciencias Políticas y Sociales*, 63(233), 47-76.

- Sandoval-Díaz, J., Cuadra-Martínez, D., Orellana-Fonseca, C., & Alfaro-Corrotea, A. (2021). Hacia una conceptualización de la resiliencia comunitaria:

Cuatro ámbitos para la política pública. *Psicoperspectivas, 20*(3), 1-14.

- Sandoval-Díaz, J., Cuadra-Martínez, D., Orellana, C., Sandoval-Obando, E., & Soto, A. (2018). La resiliencia comunitaria en contextos andinos: Una mirada desde los activos culturales. *Universitas Psychologica, 17*(1), 1-13.

- Santos, B. S. (2010). *Descolonizar el saber, reinventar el poder.* Ediciones Trilce.

- Scott, J. C. (1998). *Seeing Like a State: How Certain Schemes to Improve the Human Condition Have Failed.* Yale University Press.

- Suárez-Ojeda, E. N. (2001). Una concepción latinoamericana: la resiliencia comunitaria. En A. Melillo & E. N. Suárez Ojeda (Eds.), *Resiliencia: Descubriendo las propias fortalezas* (pp. 67-82). Paidós.

- Tierney, K. (2014). *The Social Roots of Risk: Producing Disasters, Promoting Resilience.* Stanford University Press.

- Twigg, J. (2007). Characteristics of a disaster-resilient community: A guidance note. Version 1. DFID Disaster Risk Reduction Interagency Coordination Group.

- Uriarte, J. D. (2013). La perspectiva comunitaria de la resiliencia. *Psicología Política, 47*, 7-18

www.ingramcontent.com/pod-product-compliance
Lightning Source LLC
Chambersburg PA
CBHW071028280326
41935CB00011B/1491